HENIE-ONSTAD-KUNSTSENTER ⑧

In der Galerie mit Fjordblick fand die moderne Kunstsammlung des Eiskunstlaufstars ein angemessenes Zuhause.

➤ S. 57

MUNCHMUSEET ⑥

Der Meister des Expressionismus vermachte Oslo sein Werk. Das nun ein spektakuläres neues Zuhause mit Fjordblick bekommen hat.

📷 *Tipp: Fahr mit der Rolltreppe ganz nach oben und gönn deiner Linse den Blick auf das neue Viertel Bjørvika und die Hochhäuser vom Barcode.*

➤ S. 31

HOLMENKOLLEN ⑦

Nicht nur Skispringer freuen sich über die neue Schanze. Auch Besuchern beschert der „Suppenlöffel" reichlich Nervenkitzel.

📷 *Tipp: Die beste Aussicht hast du vom Fuß des Sprungturms aus.*

➤ S. 55

OPERAHUSET ⑨

Wie ein Eisberg liegt Norwegens Vorzeigebau aus Glas und weißem Marmor am Hauptstadtfjord.

📷 *Tipp: Selfies gelingen vor den unterschiedlichen Materialien aus Glas, Holz und Kunstfaser innen und außen besonders gut.*

➤ S. 88, 32

DEICHMAN BIBLIOTHEK BJØRVIKA ⑩

Auf sechs Etagen beherbergt der neue Prestigebau vor allem Bücher, aber auch Kunst und Kultur und ist für einen Abstecher eine angenehme Ruheoase.

➤ S. 32

INHALT

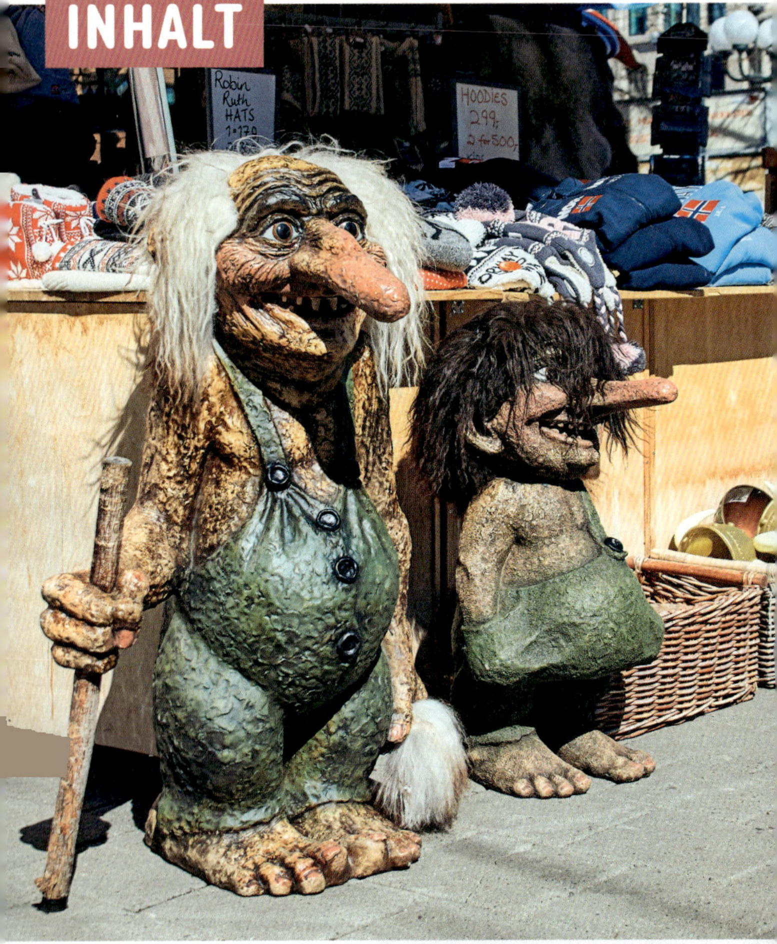

◷	Besuch planen	☂ Bei Regen
€–€€€	Preiskategorien	♟ Low Budget
(*)	Kostenpflichtige Telefonnummer	⚇ Mit Kindern
		⚑ Typisch

(▥ A2) Herausnehmbare Faltkarte
(▥ a2) Zusatzkarte auf der Faltkarte
(0) Außerhalb des Faltkartenausschnitts

INHALT

DAS BESTE ZUERST

Hochkultur? Bedeutet in Oslo Kultur für alle – inklusive Blick vom Operndach

BEST OF ☂

BEI REGEN

SCHÖN, AUCH WENN ES REGNET

DATE MIT DER SCHWITZHÜTTE
Von August bis Mai erwartet Saunafans im *Salt* ein Paradies – u. a. mit einer der größten Saunen der Welt. Regen wird da zur willkommenen Abkühlung.
➤ S. 97

ENDSTATION KAFFEEHAUS
Überrascht dich im Frognerpark der Regen, steure das kleine Kaffeehaus *Valkyrien Te & Kaffe* an der Endstation der Straßenbahn an. Wenig Platz, aber viel Fensterfläche und Düfte aus fernen Ländern. Manche behaupten, hier gebe es Oslos besten Kaffee.
➤ S. 64

VIEL KULTUR UNTER EINEM DACH
Etwas abseits der Touristenströme wartet das *Oslo Bymuseum* mit einer einzigartigen Vielfalt auf dich: Stadtgeschichte, Theater-, Arbeiter- und Industriegeschichte sowie interkulturelles Leben in Oslo.
➤ S. 44

KUNST-KOOPERATIVE
Im *Kunstnerforbundet* gibt's in wechselnden Ausstellungen bildende Kunst und Kunsthandwerk von mehr als 300 norwegischen Künstlern zu sehen – und zu kaufen.
➤ S. 79

UNTERWEGS MIT DER LINIE 12
Die Straßenbahnlinie 12 (Foto) bringt dich warm und trocken von Majorstuen am Frognerpark zum Stadtteil Kjelsås im Norden. Zwischen den Haltestellen Sanatoriet und Glads vei hast du einen traumhaften Blick über die Stadt und den Oslofjord nach Süden.
➤ S. 122

TROCKEN SHOPPEN
Das schöne Traditionskaufhaus *Steen & Strøm* lockt mit norwegischen und internationalen Marken. Ist die Kreditkarte ans Limit gebracht, lohnt der Abschluss im *Food Court* im Untergeschoss.
➤ S. 81

BEST OF
LOW-BUDGET

CAPOEIRA ZUM RELAXEN

Keinen Bock mehr auf Kunst? Deine Füße brauchen eine Pause? Dann ist ein bisschen Chillen im *Vigelandpark* das Richtige: Mit etwas Glück helfen dir Musiker mit kleinen Sessions oder ein paar Capoeira-Tänzer beim Relaxen.

➤ S. 39

WECHSEL DER KÖNIGSWÄCHTER

Auf dem Platz vorm *Königlichen Schloss* kannst täglich um 13.30 Uhr die Wachablösung verfolgen. Während normale Angestellte sich lässig in die Mittagspause verabschieden, wechseln des Königs Leibwächter nach strengen militärischen Regeln den Dienst (Foto).

➤ S. 41

MIT DEM BIKE UNTERWEGS

Für nur 69 NOK pro Tag eroberst du dir mit dem *Oslo Bysykkel* die ganze Stadt – auf dem Fahrrad. Ideal für Individualisten, die in ihrem eigenen Tempo kreuz und quer die Sehenswürdig-keiten abklappern möchten. Einfach App herunterladen und losstrampeln.

➤ S. 119

VON WAND ZU WAND

Dass der Stadtteil *Tøyen* zur größten *Outdoor-Galerie für Straßenkunst* in Skandinavien zählt, wissen nur Kenner und Liebhaber von Graffitikunst. Überall in der Stadt haben sich nationale und internationale Künstler verewigt. Die besten Werke findest du auf einer *Gratistour,* die dich von Tøyen entlang der Akerselva bis nach Grünerløkka führt.

➤ S. 108

BADESPASS AM FJORD

An heißen Sommertagen ein Must, ansonsten Mutprobe fürs Fotoalbum: *Baden im Oslofjord* kostet nichts, außer bei 17 Grad Wassertemperatur etwas Überwindung. Badeplätze gibt's überall an der Küste, z. B. *Sørenga*, ein spektakulärer Platz gleich hinter der Oper.

➤ S. 96

BEST OF

MIT KINDERN

SPANNENDES FÜR GROSS & KLEIN

NATÜRLICH BADEN

Oslos vorgelagerte Inseln sind im Sommer ein Magnet für Familien, überall findest du natürliche Badebuchten. Die schönsten liegen etwas versteckt auf *Gressholmen* oder *Langøyene*, zu erreichen mit der Fähre B1 und B2 direkt ab Aker Brygge. Abfahrtszeiten auf *ruter.no/en*.

KRITZELKUNST

Heute Kritzelei, morgen vielleicht der letzte Schrei: Im *Internasjonal Barnekunstmuseum* wird Kinderkunst aus aller Welt gesammelt, erhalten und vermittelt – und natürlich neue Kunst geschaffen. Da fühlen sich die kleinen Künstler schnell wie Picasso. Denn alles ist zum Mitmachen. Erwachsene dürfen nur zuschauen.
➤ S. 54

BEI CHARLIE ZU BESUCH

Der Papagei heißt Junior, der Kaiman Brutus und der Leguan Charlie. Sie und ihre mehr oder weniger harmlosen Freunde sind im Osloer *Reptilienpark* zu Hause und können dort beobachtet werden.
➤ S. 53

TÜFTELSPASS FÜR CHECKER

Langeweile ausgeschlossen! Im *Teknisk Museum* müssen Kinder so viel ausprobieren, nachmachen und raten, dass sie abends garantiert k.o. ins Bett fallen werden. Da gibt es interaktive Installationen, das Roboterzentrum und sogar ein Planetarium.
➤ S. 56

POPSTAR FÜR EINEN TAG

Hier geht so richtig die Post ab – im *Popsenteret*, Norwegens einzigem Museum für Popkultur, begeben sich Besucher auf die Spuren berühmter (und weniger berühmter) Musiker aus dem Norden. Da wird der Nachwuchs selbst zum Star.
➤ S. 52

BEST OF

TYPISCH

DAS ERLEBST DU NUR HIER

RASANT AUF DIE SCHANZE

Elegant ragt die geschwungene *Holmenkollen-Schanze* (Foto) über den Hang hinaus – Mittelpunkt des prachtvollen Skistadions. Der ultraschnelle Fahrstuhl bringt dich fast so schnell auf den Turm mit der tollen Aussicht hinauf, wie die Schanze die Skifahrer hinunter.

➤ S. 55

NORWEGISCHE GOURMETTRADITIONEN

Im *Engebret Café* speisten schon norwegische Berühmtheiten wie Henrik Ibsen oder Edvard Munch traditionelles Essen wie Rentierfleisch oder Heringshappen. Auch für heutige Besucher ein Erlebnis.

➤ S. 73

LESEN UND GELESEN WERDEN

Neben den Isländern sind die Norweger das literaturhungrigste Volk der Welt, und Oslo ist stolz darauf, ein richtiges *Literaturhaus* zu haben. Hier gibt's Dichterlesungen, Kulturdebatten und ein feines Szene-Café, in dem viele mittlerweile vor dem Tablet sitzen.

➤ S. 88

MITTSOMMERNACHT IM PARK

Mitten in der Stadt kannst du im *Frognerpark die weiße Nacht* ausgiebig und mit lauter Osloern bei Gläserklirren und Gitarrenklängen feiern. Um den Monolithen, Mittelpunkt der Vigeland-Skulpturenlandschaft, drängen sich Schaulustige, die das farbige Resttageslicht und zu früher Stunde den Sonnenaufgang sehen wollen.

➤ S. 98

HERR NILSEN MACHT MUSIK

Oslo ist Jazzhochburg und die Jazzkneipe *Herr Nilsen* so etwas wie ihr Herz. Hier erlebst du fast jeden Abend traditionellen Jazz – live und auf hohem Niveau. In den Pausen gibt's Bier, Ausblicke und reichlich Fachsimpeleien.

➤ S. 91

SO TICKT OSLO

Ein Herz fürs Frischluftleben und eins für Streetart – lässig in Grünerløkka

ENTDECKE OSLO

Osloer *friluftsliv* lässt sich bestens mit Sightseeing verbinden: z. B. auf der Akershus-Festung

Vor allem von der Seeseite aus präsentiert sich Oslo dem Besucher wie ein Gemälde: Berge, Wälder und Fjord bilden den natürlichen Rahmen, dazwischen pulsiert die ganze Dynamik der norwegischen Hauptstadt – Industrie und Freizeit, Kultur und Geschichte, Politik und Promenade.

IMAGEWANDEL DURCH NEUE PRESTIGEBAUTEN

Oslos Skyline befindet sich im ständigen Wandel, und noch ist der Prozess nicht abgeschlossen. Zu dem im Sonnenlicht funkelnden Opernhaus, ist das neue Munchmuseum ebenso hinzugekommen wie das neue Nasjonalmuseet in unmittelbarer Nachbarschaft zu den viereckigen Türmen des ziegelroten Rathauses. Zwischen der Flaniermeile Aker Brygge und Tjuvholmen setzt das Dach des Astrup-Fearnley-Museum als neue Landmarke aus Holz und Glas seine Segel. Spä-

1000–1300
Oslo wird erstmals erwähnt; König Håkon V. errichtet die Akersborg, spätere Akershus Festning

1624
Die Stadt brennt fast komplett nieder. Christian IV. lässt sie am Fuß der Akershus Festning neu aufbauen und gibt ihr den Namen Christiania

1814
Norwegen löst sich aus dem Verbund mit Dänemark und gibt sich eine eigene Verfassung; Christiania wird Hauptstadt

bis 1900
Die Bevölkerungszahl steigt im Zug der industriellen Revolution von 30 000 auf 230 000 Einwohner

testens, wenn auf dem Gelände des früheren Containerhafens mit Sørenga und Bjørvika neue Wohnviertel mit Kanälen, Kaianlagen und Badebuchten entstanden sind, könnte Oslo zu einer wirklichen Metropole werden. Das Sørenga Sjøbad ist schon jetzt großer Anziehungspunkt im Sommer – urbane Sonnenanbeter aalen sich auf den Holzplanken mit Blick auf Fjord, Barcode-Viertel, Fähren und Kreuzfahrtschiffe.

INSIDER-TIPP
Kopfsprung in den Fjord – mitten im Zentrum

NATÜRLICH URBAN

454 km² groß ist Oslo oder „Uschlu", wie die Einheimischen sagen, und nimmt damit halb so viel Platz ein wie Berlin – viel Fläche für die knapp 700 000 Einwohner. Die Hälfte der Fläche bedeckt Wald, es gibt mehr als 300 Seen. Das ist den Osloern sehr wichtig, denn *friluftsliv,* also Aktivitäten in der freien Natur, gehören zu ihrem Selbstverständnis. Fragt man sie, was ihnen selbst an ihrer Stadt gefällt, sagen sie je nach Wohnort Nordmarka oder Østmarka und meinen damit den Waldgürtel um die Stadt. Die Bahnfahrt auf 500 m Höhe, zum Holmenkollen, zu den Haltestellen Voksenkollen (wo es auch einen Skiverleih gibt) oder nach Frognerseter hinauf, dann die Wanderung zu Fuß oder auf Skiern in die Wälder hinein, ist für Osloer ein ganz normaler Sonntagsausflug und aktiven Besuchern unbedingt zu empfehlen. Wundere dich also nicht, wenn du im Straßencafé mitten in der Stadt Leute in Ski- oder Wanderklamotten triffst, die ihren Tagesrucksack abgestellt haben und mit einem kühlen Bier die Rückkehr in die Urbanität feiern. In den Sommermonaten lockt auch der Fjord mit seinen unzähligen Buchten die Osloer hinaus.

1901 Der Friedensnobelpreis wird erstmals in Oslo verliehen

1952 Oslo ist Austragungsort der Olympischen Winterspiele

22. Juli 2011 Ein rechtsradikaler Attentäter tötet bei einem Bombenanschlag im Regierungsviertel acht Menschen und erschießt auf der Insel Utøya 69 weitere

2019 Oslo ist Umwelthauptstadt Europas

2024 Namensjubiläum – seit 100 Jahren heißt die norwegische Hauptstadt wieder Oslo – so wie im Mittelalter

MARITIMES FLAIR

Dicht an dicht treiben und tuckern Segel- und Motorboote bis nahe an die Innenstadtanleger. Dort wimmelt es von Bierzapfstellen und Sonnenanbetern, die mit dunkler Brille auf der Nase und Sonnenschutzfaktor 20 auf dem nackten Bauch Richtung Fjord blicken. Fernblick gehört in Oslo offenbar zum guten Leben. Auch deshalb kosten Häuser mit Hanglage das Dreifache. Für Touristen, die zum Sonnenbaden auf Inseln und Schären übersetzen möchten, gibt es Ausflugsschiffe genug. Eingeweihte wissen, dass die Fjordfahrt im Winter ein weiteres Plus bereithält: Wenn sich frostgetränktes Halblicht über die von Schnee gerahmte Hauptstadt legt, ist Oslo vom Wasser aus besehen ein mystischer Ort.

NORDISCHE LÄSSIGKEIT

Oslo ist Norwegens einzige Großstadt, dennoch ist von Hektik nichts zu spüren. Verkehr gibt es zwar auch hier reichlich, Läden und Straßenmusiker sorgen für Beschallung, ein paar Skater schlängeln sich an Passanten vorbei. Doch niemand flucht oder regt sich auf. Vor Restaurants und Cafés stehen ein paar Tische, die bei jedem Wetter dank Heizlampen und Wolldecken gut besetzt sind. Alles wirkt gemächlich. Norwegern ist es fremd, ihren Unmut mit Rufen oder Hupkonzerten kundzutun. Diese zurückhaltende Attitüde prägt auch das Hauptstadtleben. Die Architektur unterstreicht dies, überall sind die Häuserschluchten aufgebrochen: Statistisch gesehen haben 95 Prozent der Stadtbevölkerung im Umkreis von 300 m eine Grünanlage. Die vielen Parks und Plätze der Stadt sind dazu da, zu bummeln oder sich auf eine Bank zu setzen, um dem Treiben entspannt zuzusehen. Und es ist sicher kein Zufall, dass der Mittelpunkt Oslos nicht der Hauptbahnhof ist oder das Schloss, sondern die Grünanlage Studenterlunden zwischen Parlament und Nationaltheater. Der einstige Campus, ein rechteckiger Park mit lauter Bänken, ist Oslos Treffpunkt schlechthin. Im Winter ist hier eine Eisbahn angelegt, die nicht nur bei den Jugendlichen der Hauptstadt gut ankommt.

KULTUR IM ZENTRUM

Was um die Oper, dieses weithin sichtbare und Offenheit ausstrahlende „europäische Bauwerk des Jahres 2008" herum gewachsen ist und weiterhin wächst, unterstreicht Oslos Anspruch als ernstzunehmende Kulturstadt. Ein großer Teil des norwegischen Kulturhaushalts von gut 1,2 Mrd. Euro fließt in die Hauptstadt, die Stadt selbst gibt jedes Jahr rund 65 Mio. Euro für die Förderung von Theater und Musik, Literatur und Kunst aus – im Schnitt also mehr als 100 Euro je Einwohner! Die Oper, das Munchmuseum, die neue öffentliche Zentralbücherei, die *Deichman Bibliotek* direkt hinter der Oper in der Bjørvika-Bucht , profitieren davon ebenso wie Hunderte von Musikclubs und Theaterbühnen. Jedes Jahr finden in Oslo rund 6000 Konzerte statt, und es ist für jeden Geschmack immer genug dabei. Es soll in der Stadt fast 1000 Musikbands geben –

Neues Bauen am Wasser: Von Aker Brygge bis Sørenga verjüngt sich Oslos Fjordgesicht

ein blühendes Dickicht, aus dem immer wieder internationale Stars herauswachsen.

IM SPANNUNGSFELD ZWISCHEN STADT UND LAND

Norwegen hat 5,5 Mio. Einwohner, allein 1,6 Mio. leben in der Metropolregion Oslo. Das ist viel, und nimmt man die Lage der Stadt am südöstlichen Zipfel des Landes hinzu, wundert es nicht, dass es einen schwelenden Konflikt zwischen der Hauptstadt und dem Rest des Landes gibt. Die Osloer wüssten ja kaum, wird außerhalb der Hauptstadt gern kolportiert, dass der Vestfjord in Nordnorwegen, der Nordfjord dagegen in Westnorwegen liegt. Und die Osloer müssen sich den Vorwurf gefallen lassen, arrogant und nabelbeschauend zu sein, obwohl sie wirtschaftlich stark am Tropf der wertschöpfenden Regionen hängen. In Oslo sitzen nicht nur die Regierung und die meisten staatlichen Behörden, sondern auch alle landesweit erhältlichen Tageszeitungen. Die Spannungen zwischen Kapitale und den Regionen kamen bei den beiden EU-Volksabstimmungen 1972 und 1994 sehr deutlich zum Vorschein. Die Osloer sahen sich beide Male siegesgewiss als EU-Bürger, mussten aber einsehen, dass West-, Mittel- und Nordnorweger ihnen den Weg nach Brüssel versperrten.

Der Konflikt zwischen Regierung und Regierten ist vor allem historisch begründet. Als Norwegen zwischen 1536 und 1814 zu Dänemark gehörte und von Kopenhagen aus regiert wurde, war Christiania, wie Oslo damals hieß, wichtigstes Standbein im Land der Mitternachtssonne. Während überall im Land die Fischer,

Bauern und der Handel mit ihren Produkten das Wirtschaftsleben in Gang hielten, war die Stadt am Oslofjord von den Entsandten der Krone und einer Beamtenschaft geprägt, die ihr Gehalt aus Kopenhagen bezogen. Die beiden EU-Abstimmungen der jüngsten Vergangenheit haben diese historischen Gegensätze nur noch einmal unterstrichen. Die Osloer müssen damit leben, von ihren Landsleuten kritisch beäugt zu werden, doch dem Selbstbewusstsein der Hauptstädter tut dies keinen Abbruch. Sie haben Erfahrung darin, abfällige Bemerkungen mit einem Lächeln wegzustecken. Doch zugleich hegen sie historisch begründet immer noch ein gewisses Minderwertigkeitsgefühl gegenüber den anderen nordischen Hauptstädten, insbesondere Stockholm.

DEM BALANCEAKT GELASSEN BEGEGNEN

Der Reichtum des Landes nach 50 Jahren Öl- und Gasförderung jedoch hat die Stadt und seine Einwohner verändert. Es wimmelt von feinen Restaurants und teuren Autos – und von norwegischen Dialekten. Der Wohlstand zeigt sich vor allem an der pompösen Wolkenkratzerbebauung um den Hauptbahnhof herum. Dies ist kein Ort zum Verweilen, hier regiert die Finanzelite. Nur einen halben Kilometer weiter, in den Restaurants, Cafés und Kneipen von Grønland oder Grünerløkka, ist von dieser Protzigkeit nichts zu spüren. Alles wirkt gesetzt, ein bisschen abgenutzt, aber urgemütlich. Orte der Begegnung und für ein freundliches Miteinander. Internationalen Untersuchungen zufolge haben die Norweger eine sehr hohe Lebenserwartung, einen sehr hohen Lebensstandard und Bildungsstand – und sie sind das optimistischste Volk der Welt. Sorglosigkeit strahlt dem Besucher entgegen und ist ein wesentlicher Bestandteil des Osloer Lebensgefühls. Daran haben auch die tragischen Ereignisse vom 22. Juli 2011 nichts geändert, als Anders Behring Breivik mit zwei Anschlägen im Osloer Regierungsviertel und der Insel Utøya im See Tyrifjorden insgesamt 77 Menschen tötete. Trotz des tiefen Schocks und der enormen Trauer über die Toten war von Anfang an die Entschlossenheit zu spüren, die Werte zu erhalten, die den Norwegern wichtig sind: Offenheit, Zusammenhalt und das Recht auf Freizügigkeit.

TOLERANTE GRUNDHALTUNG

Oslo ist und bleibt eine Stadt, an der man sich reiben kann. Dass ständig gebaut wird, sehen die einen als Ausdruck von Unruhe, die anderen preisen die Dynamik. Dass Oslo europäische Peripherie ist, wird durch ein pulsierendes, trendiges Nachtleben und viele international anerkannte Restaurants und Köche widerlegt. Dass in der Hauptstadt eines als puritanisch verschrienen Landes Toleranz großgeschrieben wird, passt zur Grundhaltung der Norweger „leben und leben lassen". Und dass die Norweger selbst mit einer ordentlichen Portion Skepsis auf ihre Hauptstadt blicken, hindert die Osloer selbst nicht daran, auf ihre Stadt sehr stolz zu sein. Widersprüchlich eben und schon beim zweiten Hinsehen spannend – es gibt viele gute Gründe, dieser Stadt mit Offenheit zu begegnen und sich auf sie einzulassen.

AUF EINEN BLICK

699.000
Einwohner

Stuttgart: 626.000

70.693
Zahl der registrierten
E-Autos in Oslo
16.678 in Berlin

33
Zahl der Vinmonopol
(Alkoholshops)

Stockholm: 71

60 %
Anteil der Einwohner mit
Hochschulabschluss

Berlin: 49 %

HÖCHSTES GEBÄUDE:
RADISSON BLU PLAZA
HOTEL
117 M

157 m Kölner Dom

WÄRMSTER MONAT
JULI
23°C

Wassertemperatur:
17° C

MÖWEN

SO VIELE WIE
ELEKTRO-AUTOS,
MINDESTENS

HÄUFIGSTE HERKUNFTSLÄNDER VON PERSONEN MIT
MIGRATIONSHINTERGRUND:
Pakistan, Somalia, Polen, Schweden

1989/KM²

Bevölkerungsdichte
Berlin: 4.123/km²

HÄUFGISTER NACHNAME:
Hansen

SPORTBOOTHÄFEN: 10

HAMBURG: 13

OSLO VERSTEHEN

SCHWER VERWUNDET

Es läuft einem noch immer kalt den Rücken hinunter, wenn man die verlassene Grubbegata entlangläuft. An deren Ende, dem Einar Gerhardsen plass, detonierte am 22. Juli 2011 um genau 15.26 Uhr eine Autobombe und riss acht Menschen in den Tod. Kurze Zeit darauf erschoss derselbe Attentäter weitere 69 zumeist junge Menschen in einem Sommercamp auf der Insel Utøya und verletzte mindestens ebenso viele.

Während derzeit am Wiederaufbau eines neuen Regierungsviertels gearbeitet wird, das bis 2026 fertiggestellt sein soll, findet man sowohl am Johan Nygaardsvolds plass als auch an der Ecke Munchs gate zwei Gedenkstätten für die Opfer und diesen grauenvollen Tag, als der Täter, Anders Behring Breivik, Norwegen zwar schockierte und erschütterte, aber nicht entzweite. Sondern das Gegenteil bewirkte. Mit langstieligen Rosen in der Hand rückten die Osloer in den Tagen danach in ihrer Trauer zusammen, der Platz vor der Domkirche wurde binnen Stunden zu einem Blumenmeer. „Unsere Antwort ist mehr Demokratie, mehr Offenheit und mehr Humanität, aber niemals Naivität", sagte der damalige Regierungschef Jens Stoltenberg bei seiner Rede in der Domkirche. Und im sicheren Wissen, dass der Täter seine lebenslange Haftstrafe vor den Toren Oslos absitzt, zeigen die Norweger, dass es funktionieren kann: Auch wenn weite Teile der Bevölkerung vom Attentat mittel- oder sogar unmittelbar betroffen sind, ist der Zusammenhalt und der Stolz auf das eigene Land stärker und gefestigter denn je.

FRIEDENSWÄCHTER

Wer oder was war zuerst? Der gute Mensch, der für seine herausragenden Friedenstaten ausgezeichnet wird, oder der herausragende Mensch, der mit dem Preis zu guten Taten verleitet werden soll? Als Barack Obama den Friedensnobelpreis 2009 erhielt, zerriss man sich nicht nur in Oslo, sondern auch über Landesgrenzen hinweg die Mäuler: Was haben sich die feinen Mitglieder des Nobelkomitees eigentlich dabei gedacht? Ist das wirklich im Sinn des Preisstifters Alfred Nobels (1833–1896), der bewusst Oslo als Verleihungsort für diesen wohl populärsten seiner Preise bestimmte? Allen Unmut zum Trotz: Die edlen Damen und Herren lassen sich nicht in die Karten schauen und sorgen so jedes Jahr am zweiten Freitag im Oktober immer wieder für einen Überraschungsmoment. Dann nämlich tritt der oder die Vorsitzende des Nobelkomitees um exakt 11 Uhr vor die Presse und verkündet den neuen Preisträger. Wenn dem Gewinner am 10. Dezember, dem Todestag Alfred Nobels, sein mit ca. 860 000 Euro dotierter Preis und eine Medaille vom Komiteevorsitzenden im Osloer Rathaus vor König und Regierungschef übergeben werden, hat spätestens dann auch das gemeine Volk Grund zu feiern. Mit Vorträgen, Konzerten und Festen würdi-

Eines Nobelpreisträgers würdig: Oslos kunstvoll ausgestalteter Rathaussaal

gen Organisationen und Institutionen die Taten des Preisträgers. Einen gesammelten Überblick findet man das ganze Jahr auch im *Nobels Fredssenter* bei Aker Brygge.

VOLKSNAHE ROYALS

Sie beteiligen sich an Segelregatten, jubeln ihren Skistars von der Tribüne zu und reihen sich im Stadtmarathon unter die Läufer – die norwegischen Royals geben sich gern volksnah und naturverbunden. Ob mit Rettungsweste auf dem Fischkutter, mit dicker Wollmütze auf der Bergtour oder am 17. Mai in der norwegischen Bunad-Tracht – vom König Harald V. bis zur Kronprinzenfamilie sind sie sich für kein Motiv zu schade. Das kommt gut an beim Volk und lässt die wenig standesgemäßen Momente vergessen, wie etwa das

frühere Partygirl namens Mette-Marit, das mittlerweile als Kronprinzessin ein eher langweiliges Image pflegt. Oder auch als Prinzessin Märtha Louise sich mit dem mittlerweile verstorbenen Ari Behn einen Skandalautor an die Seite holte, eine Engelschule eröffnete, um überirdische Kontakte zu pflegen, und sich nach der Scheidung als alleinerziehende Mutter um ihre drei Töchter kümmert. Ach ja, Royals sind auch nur Menschen. Um so mehr begeistert König Harald (über 85!) mit seiner weltoffenen Sichtweise, wenn er seine Landsleute zu mehr Toleranz ermahnt, wie etwa bei einer Rede 2016: „Norweger sind Mädchen, die Mädchen lieben, Jungen, die Jungen lieben, und Mädchen und Jungen, die sich gegenseitig lieben." Nun denn: Es lebe der König!

Noch eine Osloerin, die auf dem internationalen Popmarkt mitmischt: Marit Larsen

RHYTHMUS IM BLUT

In Sachen Jazz und anderer Musikrichtungen bestimmt Oslo längst den Takt mit. Mit dem Rainbow Studio und seinem Gründer, Jan Erik Kongshaug, avancierte das 1984 gegründete Jazzlabel zu den besten Tonstudios der Welt, in der sich zahlreiche Stars die Klinke in die Hand drücken. Aber auch umgekehrt haben die besten internationalen Labels norwegische Gruppen und Solisten in ihrem Programm. Sie sorgen dafür, dass die vielen Konzertbühnen in Oslo gut besucht werden. Zentrum der Szene sind *Herr Nilsen Jazz Club (C. J. Hambros plass 5)* mit einem täglichen Liveangebot ausgewählter Jazzkünstler und die *Nasjonal Jazzscene* (nasjonaljazzsce

INSIDER-TIPP
Mekka für
Jazzfreunde

ne.no) im Victoriasaal auf Oslos Hauptstraße Karl Johan.

Apropos Stars: Auch in anderen Genres wie Death Metal, Country und allen voran Pop spielen Norweger, und nicht selten die Osloer unter ihnen, ganz vorne mit. Woran liegt's? Vielleicht daran, dass sich Subkulturen hier ungestört entfalten können, ohne gleich stigmatisiert und sozial schlechter gestellt zu werden. Die Musikerszene ist zwar klein und überschaubar, aber darum umso verlässlicher – jeder kennt jeden. Darüber hinaus ist in dem Land mit 5,5 Mio. Einwohnern der Druck, das schnelle Geld zu verdienen, nicht ganz so groß wie anderswo. Dadurch konnten sich auch andere Studios in Oslo etablieren, in denen sich die Künstler in Ruhe ausprobieren und musikalisch entfalten können, bevor man sich einem größeren Publikum stellt.

SONNENANBETER & FRISCHLUFTENTHUSIASTEN

Die Zeit der Sommersonnenwende wird auch in Oslo ausgiebig begangen. Schlafen kann man auch, wenn der Sommer wieder vorbei ist! Höhepunkt ist die Nacht vom 23. auf den 24. Juni. Mit Lagerfeuern und Gegrilltem feiern die Hauptstädter an den Ufern des Oslofjords die Mittsommernacht. Die Sonne geht zwar für ein paar Stunden unter, doch in der Stadt kehrt keine wirkliche Ruhe ein. Noch mehr Menschen als sonst sind bis weit nach Mitternacht auf den Beinen, auf der Kneipenmeile Aker Brygge drängeln sich die mehr oder weniger nüchternen Besucher, und auf den vertäuten Segelbooten vor dem Rathaus wird bis zum Sonnenaufgang Party gemacht. Nicht selten lässt der Alkoholkonsum die Stimmung zu später Stunde kippen, was auf Touristen oft abschreckend wirkt. Wer nicht mitfeiert, hat nur zwei Möglichkeiten: Auf einem Boot die ruhigeren Schären ansteuern oder früh ins Bett gehen.

ZWEITE HEIMAT

Für Herbert Ernst Karl Frahm war Oslo die Rettung. 1933 flüchtete der Sozialdemokrat vor den Nazis hierher. Als Willy Brandt studierte er in Oslo Geschichte, arbeitete als Journalist und begann, sich in der internationalen Arbeiterbewegung zu engagieren. Er wohnte in der Hollendergata 4 nahe dem Hauptbahnhof, ein blaues Schild an der Hauswand erinnert noch heute

KLISCHEE KISTE

BITTE (NICHT) DRÄNGELN!

Wer hätte das gedacht? Kaum ein Laden oder eine Theke, die ohne Wartesystem *(kølapp)* auskommt, aber ausgerechnet beim Einsteigen in Busse und Bahnen kennen Osloer kein Halten mehr. Nur die wenigsten, die die eiserne Regel „erst aussteigen lassen, dann selbst einsteigen" kennen, da wird gedrückt und geschoben, was das Zeug hält. Wer dann einen Sitzplatz ergattert, wird ihn auch nicht für ältere Herrschaften räumen. Höflichkeit auf Norwegisch: Wer noch fit für die Öffis ist, kann auch mal stehen.

SO TAUEN NORWEGER AUF

Der unterkühlte Norweger ist unnahbar und wenig herzlich – so weit das Klischee. Es gibt aber zwei Dinge, bei denen er (und natürlich auch sie) auftaut: Alkohol und Natur. So unterschiedlich dies sein mag, beides macht auf seine Weise aus den Nordmännern und -frauen in kürzester Zeit ganz umgängliche Typen. Während das bei ersteren schnell kippen kann, weil man den Angerauschten auf Abstand halten muss, trifft man, sobald man die Stadtgrenze hinter sich lässt und in die Marka eintaucht, auf freundlich grüßende Zeitgenossen, die einen unten in Karl Johan nicht einmal ansehen würden. Was ein bisschen Tapetenwechsel alles ausmachen kann …

an ihn. Mit Rut, einer Norwegerin, war er 32 Jahre verheiratet. 1971, viele Jahre nach seiner Heimkehr und steilen Karriere als Politiker, als Bundeskanzler und Wegbereiter der Ostpolitik in Deutschland, kehrte Willy Brandt wieder nach Oslo zurück: „Im Dezember 1971 nahm ich in Oslo den Friedensnobelpreis entgegen – eine Anerkennung, die mir nahe ging."

SPORTFREU(N)DE

Es gibt nationale Mythen, die jeden Wandel überleben: *Norweger sind sportlich* ist so einer. Und da Oslo seit den Olympischen Winterspielen 1952 den Ruf zu verteidigen hat, Sporthauptstadt zu sein, ist man auch im Sommer eifrig bemüht, Osloer und Besucher der Stadt mit Leistungs- und Breitensport zu locken. Das Leichtathletik-Meeting im Bislett-Stadion an einem Freitag im Juni ist seit 1998 Grand-Prix-Veranstaltung. Der internationale Marathon meldet jedes Jahr einen neuen Teilnehmerrekord, und die Holmenkollen-Staffel gehört mit mehr als 2000 Mannschaften und über 30 000 Teilnehmern zu den größten Laufwettbewerben der Welt. Wenn Schnee gefallen ist, sind die Straßenbahnen Richtung Stadtrand voll mit sportlich gekleideten Norwegern, die sich an ihren Langlaufskiern festhalten. Auf gespurten oder abgelegenen Waldwegen brechen sie in die Tiefen von Nordmarka oder Østmarka auf, steuern ein sonniges Plätzchen oder eine Hütte mit Restaurantbetrieb an oder versuchen, mit perfekter Skating-Technik neueste Bestmarken aufzustellen.

AM WASSER GEBAUT

Norwegens Hauptstadt ohne Fjord – undenkbar: Er ist das Tor zur Stadt, Segelparadies, stark befahrene Wasserstraße und ein einzigartiges Naherholungsgebiet zugleich. Rund 2 Mio. Menschen wohnen am Meerarm, der zum Skagerrak gehört und schon wegen seiner Lage mit heftiger Atemnot zu kämpfen hat. Besiedlung, Industrie und Verkehr belasten die Wasserqualität besonders des sogenannten *Inneren Oslofjords*, der am nur 1 km breiten Drøbaksund beginnt, bis ans Osloer Rathaus heranreicht und 3 bis 7 km lang ist. In diesem Becken müssen die Segelschiffe und Motorboote im Sommer Zickzack fahren, um nicht zusammenzustoßen, an den Ufern, auf den Holmen und Schären stehen zahllose, teure Hütten. All dies tut dem Ruf des Oslofjords keinen Abbruch, er hat einen festen Platz im Herzen der Osloer.

KREATIVER (MINI)HOTSPOT

Klar, von Norwegen aus gesehen, liegt die Hauptstadt Oslo im kreativen Zentrum von Mode und Möbeldesign. Von außen betrachtet, steht das Land allerdings nach wie vor im Schatten seiner skandinavischen Nachbarn, die auf eine viel längere Designtradition zurückblicken. Umso mehr erfreuen die kleinen, aber feinen Kreativwerkstätten mit typisch norwegischem Design, allen voran die Lichtdesigner von *Northern Lighting,* die sich mittlerweile nur *Northern* nennen und neben modernen Lampen auch Möbel entwerfen. Ähnlich erfolgreich sind die

In der Skisaison: Rush hour in der Bahn zum Holmenkollen

Jungs von *Bare Møbler.* In Sachen Mode gilt Kronprinzessin Mette-Marit als wichtige Botschafterin, schon seit sie bei ihrer Hochzeit 2001 ein Kleid des Designers *Ove Harder Finseth* trug. Außerdem zählen *Marte Krogh* und *byTiMo* zu ihren Lieblingsdesignern. Eine bessere Möglichkeit, Labels aus Norwegen populär zu machen, gibt es kaum.

GRÜN IM HERZEN

Als Oslo 2019 europäische Umwelthauptstadt wurde, sollte dies nur der Beginn einer neuen Öko-Ära werden: Die Stadt ist in ständiger Veränderung, bis jetzt werden 28 Prozent der innerstädtischen Autos elektrisch betrieben, für sie steht ein dichtes Netz an Schnellladesäulen bereit. Für Diesel gilt eine Umweltgebühr. Von drei Fahrten innerhalb der Innenstadt werden immerhin zwei mit öffentlichen Verkehrsmitteln, zu Fuß oder mit dem Fahrrad zurückgelegt. Neben Bussen und der T-Bahn (Untergrundbahn) steht auch die etwas in die Jahre gekommene *Trikk* (Straßenbahn) zur Verfügung. Der Austausch gegen neue Modelle soll bis 2024 abgeschlossen sein, der Ausbau des Trikk-Netzes wird derzeit vor allem im neuen Stadtteil Bjørvika vorangetrieben.

Außerdem wurde das Flussbett an der Akerselva um 3 km erweitert, sodass sich hier die natürliche Vegetation zurückbilden konnte. Keine Frage: Die Stadt tut viel, um ihrer Bevölkerung einen ökologisch intakten Lebensraum auch für die Zukunft zu sichern.

SIGHT SEEING

Lange Zeit war Oslo wie ein lieb gewonnener alter Pulli: Er passte noch gut, auch wenn der Schnitt nicht mehr im Trend und die Farbe ausgeblichen war. Mit dem Wunsch nach Neuerung entstanden dann in kürzester Zeit prestigeträchtige Gebäude und ganz neue Stadtteile, wie etwa das aufregende Opernhaus direkt am Wasser und die Quartiere Bjørvika und Tjuvholmen. Spektakuläre Bauten namhafter Architekten wie Renzo Piano (Astrup-Fearnly-Museum) oder Kleihues + Schuwerk (Neues Nationalmuseum) prägen inzwischen das Stadtbild ebenso wie der *Barcode,*

Fast so spannend wie der Blick auf die Bühne ist die Fjordsicht aus den Fenstern der Oper

Alle Adressen in diesem Kapitel findest du auf der Faltkarte

die neue Hochhauszeile direkt am Hauptbahnhof, die Oslos City um eine moderne Silhouette à la Manhattan erweitert.

Doch bei aller Liebe zur Moderne hat sich die Stadt ihren spröden Charme bewahrt – gerade weil sich das Neue harmonisch zum Alten fügt. Besonders deutlich wird das beim Rathaus: Der klotzige Bau im Zentrum ist so aus der Zeit gefallen, dass er fast schon wieder trendy wirkt. Urban können viele, aber Oslos Plus liegt in der Nähe zur Natur: Zwischen Fjord und der Marka, dem bewaldeten Stadtrand, sind die Wege zu menschenleeren Plätzen und absoluter Stille kurz.

DIE STADTVIERTEL IM ÜBERBLICK

Holmenkollen ★

SLEMDAL

Slemdalsveien

HOVSETER

HOLMEN

150

Ring 3

VINDEREN

Sørkedalsveien

Holmenkollveien

MAKRELLBEKKEN

FROGNER S. 41

Zwischen Parks und edlen Stadthäusern ist das Großbürgertum zu Hause

BORGEN

Slemdalsveien

Sørkedalsveien

ULLERNÅSEN

HEGGELI

VOLVAT

Ring 3

Frognerparken

Ring 2

HOFF

Vigelandsparken ★ ○

ABBEDIENGEN

Ring 2

Halvdan Svartes gate

FROGNER

SJØLYST

Bygdøy allé

E18

Bestumkilen

SKARPSNO

Bygdøyveien

E18

VÆKERØ

Frognerkilen

BYGDØY

Kongeskogen

Henie-Onstad-Kunstsenter ★

BYGDØY S. 45

Dorfatmosphäre mit Meeresbrise und dazwischen immer wieder Museen

Lysakerfjorden

KARL JOHAN S. 38
Stöbern und Staunen auf und um Norwegens einziger Prachtstraße

AM FJORD S. 30
Oslos versammelte Hingucker: Wo neues maritimes Bauen auf die alte Stadt mit der Festung trifft

OSTEN S. 49
Alternativ & multikulti – hier geht's lockerer zu

Ring 2
DÆLENENGA
Theres gate
Pilestredet
Toftes gate
Finnmarkgata
GRÜNERLØKKA
Ullevålsveien
Hausmanns gate
Botanisk hage
TØYEN
HOMANSBYEN
Slottsparken
Henrik Ibsens gate
Ring 1
Ring 1
MEYERLØKKA
Kjølberggata
Nylandsveien
ENERHAUGEN
Nasjonalmuseet ★
Deichman Bibliothek Bjørvika ★
ygge ★
VIKA
E18
Oslo Sentralstasjon
Astrup Fearnley Museet ★
Akershus Festning og Slott ★
Operahuset ★
Munchmuseet ★
Ring 2
KAMPEN
Pipervika
Bjørvika
Ring 1
SØRENGA
HOVEDØYA
E18
Kongsveien
▲ N
800 m
874 yd

AM FJORD

Nasjonalmuseet ★ **9**

8 Nobels Fredssenter

E18

7 Oslo Rådhus

Nedre Vollgate

Øvre Slottsgate

Prinsens

Tollbugata

Aker Brygge ★ **10**

5 Christiania Torv

Kontraskjæret

Rådhusgata

Arkitekturmuseet **4**

Dei

Myntgata

12 Tjuvholmen

Stranden

Grev
Wedels Plas

11 Astrup Fearnley Museet ★

Akershusstranda

6 Akershus Festning og Slott ★

Pipervika

250 m
273 yd

AM FJORD

(▢ H4-5)
WOHIN ZUERST?

Rathausplatz: Von diesem Platz aus hast du den Fjord mit den Fährschiff-Anlegern im Rücken und das wuchtige Rathaus vor der Nase. Von hier aus falten sich die Sehenswürdigkeiten Oslos fächerförmig auf; viele sind zu Fuß zu erreichen. Stadtrundfahrten starten hier. Die Linie 12 der Straßenbahn bringt dich zum Hauptbahnhof mit allen U- und Straßenbahnlinien, dem Busterminal und den Regionalzügen. In der Nähe gibt es einige kostenpflichtige Parkplätze bzw. -häuser – sowohl östlich hinter der Akershus-Festung als auch westlich des Platzes.

Mit zwei neuen, prestigeträchtigen Museen sowie einem Neubau für die Deichman Bibliothek – alles direkt in Fjordnähe – hat Oslo ein weiteres Kapitel seiner Geschichte aufgeschlagen und kann sich nun selbstbewusst in die Riege der Großstädte mit sehenswerter urbaner Architektur einreihen.

Wer entlang des Oslofjords auf Besichtigungstour geht, sollte aber gewarnt sein: Der Blick aufs Wasser kann den Sehenswürdigkeiten, die entlang des Ufers liegen, ganz schön die Show stehlen. Mal schiebt sich ein Kreuzfahrtschiff weit in den Fjord hinein, mal legt die Autofähre aus Kiel an oder kündigt mit lautem Tuten ihre Abfahrt

der mächtigen Festung Akershus wuchs die neue Stadt heran – im Geist der Renaissance streng viereckig angelegt. Daher der Name *Kvadraturen,* daher die Straßenschluchten mit der manchmal etwas wuchtigen Bebauung. Auch nachdem sich das Zentrum weiter nach Westen verlagert hat – Kvadraturen bleibt Oslos historischer Mittelpunkt. Das Viertel überrascht nicht nur mit dem quadratischen Straßenmuster, sondern auch mit vielen historischen Bauten. In der Rådhusgata stehen noch einige Häuser aus der Gründungszeit Kvadraturens, ansonsten dominieren herrschaftliche Fassaden aus dem 19. Jh. den kompakten Stadtteil. Am Tag ist Kvadraturen ein attraktives Museumsviertel, für einen spätabendlichen Bummel aber ist es zu dunkel und verlassen.

ein. Dazwischen ziehen Fischkutter und die Boote der vielen Freizeitkapitäne vorbei, auch die königliche Yacht N/S Norge liegt direkt unterhalb der Akershus Festning. Vielleicht beruhigt es dich ja zu wissen, dass einige Highlights auf die Nähe zum Fjord setzen und mit spektakulären Aussichtspunkten aufwarten, die dir ausreichend Zeit lassen, Stadtflair und maritimes Ambiente in aller Ruhe zu genießen. Spektakuläre Fotomotive inklusive.

Am Fjord liegt aber nicht nur das ganz neue Oslo mit dem neu entstandenen Viertel Sørenga östlich der Oper, sondern auch Kvadraturen, die „alte neue Stadt" mit der Festung Akershus. 1624 brannte das alte Oslo nieder. König Christian IV. ließ danach das neue Zentrum auf der anderen Seite der Bucht Bjørvika aufbauen. Im Windschatten

1 MUNCHMUSEET ★

Mit dem sogenannten Lambdagebäude, das in der Seitenansicht an den gleichnamigen griechischen Buchstabe erinnert und direkt am Oslofjord an der Landzunge von Bjørvika 58 m in die Höhe ragt, zelebriert Oslo seinen Lieblingsmaler Edvard Munch auf außerordentliche Weise neu. Und hat zugleich eine neue Landmarke fürs Stadtbild geschaffen. In elf Ausstellungsräumen auf 13 Etagen wird die umfangreiche Sammlung von rund 1100 Gemälden, 15 500 Grafiken und 4700 Zeichnungen gezeigt. Neben Restaurants und Cafés beherbergt der weiße Prestigebau des spanischen Architekturbüros estudio Herreros außerdem Konzertsäle, Vortragsräume und Künstlerwerkstätten. Highlight ist und bleibt das weltberühmte Bild

„Der Schrei", auf das alle Besucher gerne einen Blick werfen wollen. *Mo/Di 10–18, Mi–So 10–21 Uhr | Eintritt 160 NOK | Munch Brygge | 5 Min. vom Hauptbahnhof (über die Fußgängerbrücke) | munchmuseet.no | ⏱ 2 Std. | ▥ K5*

❷ OPERAHUSET ★

Oslos ganzer Stolz ist das Opernhaus direkt an der Bucht Bjørvika. Die Idee des Architekturbüros Snøhetta: das neue Haus wie einen Eisberg aus dem Oslofjord auftauchen zu lassen. Ob Eis- oder Marmorberg: Das äußerst ungewöhnliche Operngebäude lässt niemanden kalt. Snøhetta schuf in einer eher unwirtlichen Ecke des Osloer Hafens ein Monument modernen Designs und eine Landmarke von internationalem Ruf. Und legte den Grundstein für den weiteren Ausbau des Bjørvika-Viertels. Nicht nur Fachleute, die das Bauwerk mit Sydneys berühmter Oper vergleichen, begeistern sich für die kubische Form und die spannende Kombination aus weißem Stein und viel Glas. Das Haus soll eine Oper buchstäblich zum Anfassen sein. Das schräge, zum Wasser abfallende Marmordach ist begehbar, und ein Spaziergang hinauf garantiert einen tollen Blick über Oslo und das Hafengelände. Die Osloer haben ihre Oper mit offenen Armen angenommen und entdeckt, dass sie auf dem Dach sogar picknicken können. *Foyer Mo–Fr 10–23, Sa 11–23, So 12–22 Uhr, Führungen (50 Min.) auf Deutsch Mo–Sa 14, So 15 Uhr, Billett-*

INSIDER-TIPP
Der Musik aufs Dach steigen

schalter Mo–Sa 11–16, So 12–16 Uhr | 5 Min. vom Hauptbahnhof (über die Fußgängerbrücke) | operaen.no | ⏱ 1 Std. | ▥ J–K5

❸ DEICHMAN BIBLIOTHEK BJØRVIKA ★

Für Besucher aus dem Ausland sind weniger die abertausend norwegischen Bücher als vielmehr die spektakuläre Architektur atemberaubend. Wirf unbedingt einen Blick in das Innere dieses preisgekrönten Prachtbaus. In Ruheecken gönnst du dir eine kleine Pause, bevor es wieder hinaus auf die Straße geht. Nicht nur Bücher, sondern auch Kunst, Filme und Musik stehen hier im Mittelpunkt, weshalb es auch für dich hier einiges zu entdecken gilt. *Mo–Fr 8–22, Sa/So 10–18 Uhr | Eintritt frei | Anne-Cath. Vestlys plass 1 | 5 Min. vom Hauptbahnhof | deichman.no | ⏱ 30 Min. | ▥ J5*

❹ ARKITEKTURMUSEET

Im ersten Osloer Zentralbankgebäude von 1830 gibt es einen Querschnitt durch drei Epochen norwegischer Architektur zu sehen. 1911 bekam das Haus ein Magazin dazu; den Zwischenraum nutzte der norwegische Architekt Sverre Fehn für einen extravaganten Pavillon aus Beton und Glas. Dieser Stilbruch sorgt sowohl in norwegischen Architekturkreisen als auch bei den Besuchern für kontroverse Debatten. *Di, Mi, Fr 11–17, Do 11–19, Sa/So 12–17 Uhr | Eintritt 60 NOK, Do frei | Bankplassen 3 | nasjonalmuseet.no | Bus 60 Bankplassen | ▥ H5*

INSIDER-TIPP
Dem Stilbruch begegnen

Auf dem Dach der Oper fühlt man sich fast wie auf einer treibenden Eisscholle

5 CHRISTIANIA TORV

Als ob man sich in einem hübsch tapezierten Wohnzimmer befindet. Niedrige historische, aber auch moderne Häuser umrahmen das pittoreske Plätzchen Christiania torv, das im spannenden Kontrast zu den Straßenschluchten von Kvadraturen steht. Die Hektik der Stadt scheint weit entfernt. Schwer zu glauben, dass hier einmal das Herz des alten Oslos schlug, am Markt gehandelt wurde und Hinrichtungen stattfanden. Auf dem Platz mit Blickrichtung Osten stehend, siehst du gleich zwei historische Gebäude: Auf 1626 zurück geht der Ursprung des Fachwerkhauses *Rådmannsgården* auf der linken Seite, es ist das älteste Haus des einstigen Christiania, in dem schon das Spital der Garnison und die Universitätsbibliothek untergebracht waren. Mitten auf dem Platz steht eine Skulptur der norwegischen Künstlerin Wenche Guldbrandsen – die Hand des Stadtgründers Christian IV. Die eigentliche Statue des Begründers von Kvadraturen steht merkwürdigerweise und historisch falsch auf *Stortorvet,* dem Großmarkt von Oslo. Auf der rechten Seite der Rådhusgata liegt *Gamle Rådhus*, Christianias erstes Rathaus. Zwischen 1641 und 1733 wurden von hier aus die Geschicke der Stadt gelenkt. Nach einem Brand 1996 wurde das Restaurant *Det Gamle Raadhus* im alten Stil wieder aufgebaut.

Im *Kafé Celsius (tgl. 11–22 Uhr)* direkt gegenüber kannst du bei schönem Wetter draußen sitzen und den historischen Anblick bei einem herzhaften

INSIDER-TIPP
Mittagspause, historisch!

Lunch genießen. *Straßenbahn 15 Øvre Slottsgate | ▢ H5*

6 AKERSHUS FESTNING OG SLOTT ★

Neun ernste Angriffe überstand die Festung Akershus seit dem Mittelalter: Weder Schweden noch Dänen gelang es, das Bollwerk auf der Landzunge über dem Oslofjord einzunehmen. Im Mittelalter war Akershus zunächst Königsburg, die Christian IV. (1588–1648) um ein Renaissanceschloss und eine massive Befestigungsanlage erweitern ließ. Die Wälle und Mauern umschließen ein Gelände von etwa 350 m Länge und 100 m Breite. Den Norden der inneren Festungsanlage markiert das *Høymagasinet*, am südlichen Ende liegt *Munketårnet,* der Mönchsturm, der den Eingang kennzeichnet. Auf dem Gelände stehen das *Akershus Slott* und das *Hjemmefront-museet*. Im Südflügel des Schlosses befinden sich der Christian-IV.-Saal, Repräsentationssaal der norwegischen Regierung, und die Kapelle. Im Anbau des Mausoleums ruhen die Könige Haakon VII. und Olav V., Königin Maud und Kronprinzessin Märtha. *Schloss/Mausoleum Mai–Aug. Mo–Sa 10–16, So 12–16 Uhr | Eintritt 100 NOK* Zwischen Schloss und Høymagasinet liegt das *Hjemmefrontmuseet (tgl. 10–17 Uhr | Eintritt 100 NOK | short. travel/osl7),* das den norwegischen Widerstand während des Zweiten Weltkriegs dokumentiert. Die Ausstellung befindet sich größtenteils in unterirdischen Gewölben. Gleich hinter dem Museum erhebt sich der Schutzwall, der kleine Anstieg dorthin ist ein absolutes Muss. Der Blick auf den Osloer Hafen und hinüber zu Aker Brygge begeistert zu jeder Jahreszeit. Angrenzend an die Festung befinden

Erstaunlich wohnlich für ein Bollwerk: Prinzenzimmer im Akershus Slott mit feinem Mobiliar

sich Kaserne, Lager und Stallungen. Die sorgsam restaurierten Gebäude werden heute u. a. vom norwegischen Umwelt- und Verteidigungsministerium sowie von der berittenen Osloer Polizei genutzt. Im ehemaligen Arsenalgebäude ist das *Forsvarsmuseet (Mai–Aug. tgl. 10–17, Sept.–April tgl. 10–16 Uhr | Eintritt 100 NOK | short. travel/osl16)* untergebracht, das die norwegische Militärgeschichte von der Wikingerzeit bis heute illustriert. Im *Besucherzentrum Akershus Festning (Mai–Aug. tgl. 10–17, Sept.–April tgl. 10–16 Uhr, tgl. Führungen | direkt am Karpfenteich)* erhältst du Infos über die gesamte Anlage. *Straßenbahn 15 Øvre Slottsgate | ⏱ 1 Std. | ⌖ H5*

⑦ OSLO RÅDHUS ⚑

In den 1920er- und 1930er-Jahren wurden die Hausbesitzer im Osloer Hafenviertel Pipervika enteignet, die Häuser abgerissen: Der Platz wurde für das monumentale, von den Architekten Arnstein Arneberg und Magnus Poulsson entworfene Rathaus gebraucht. 1931 legte man den Grundstein, endgültig fertig war das Rathaus jedoch erst 1950. Nicht alle Osloer sind vom komplett in rotbraunem Backstein gebauten Gebäude mit den beiden massigen, quadratischen, über 60 m hohen Türmen begeistert. Mehr oder weniger liebevoll bezeichnen sie es als *geitost* – so heißt der typisch norwegische braune Ziegenkäse, der in eckigen Klumpen verkauft wird. Seit vor einigen Jahren der Verkehr in den Untergrund verbannt wurde, ist der Sitz der Osloer Stadtregierung endlich eine weithin

Massiges Tor zur Welt: Oslos Rathaus

sichtbare Landmarke als Tor zur Welt. Im Uhrenturm bilden 49 Glocken Nordeuropas größtes Glockenspiel.

INSIDER-TIPP
Gute-Laune-Glockengeläut

Von Grieg bis zur zeitgenössischen norwegischen Musik ist von Juni bis August ab 7 Uhr bis Mitternacht zu jeder vollen Stunde ein Miniglockenkonzert zu hören. Einmal im Jahr steht das Rathaus im Blickpunkt der Weltöffentlichkeit: Immer am 10. Dezember wird im großen Saal der Friedensnobelpreis überreicht. *Tgl. 9–16 Uhr, Führungen für bis zu 30 Pers. auch auf Deutsch Mo–Fr 10–16 (2000 NOK/Gruppe), Sa/So 9–16 Uhr (2500 NOK) | Rådhusplassen 1 | Straßenbahn 12 Kontraskjæret | ⏱ 30 Min. | ⌖ H4*

8 NOBELS FREDSSENTER 🚻 👥

Nicht in Schweden, sondern in Oslo sollte der Friedensnobelpreis verliehen werden. So entschied es der Schwede Alfred Nobel in seinem Testament. Warum, ist nicht eindeutig geklärt: Vielleicht traute Nobel den eigenen schwedischen Politikern nicht und hielt das norwegische Parlament für moderner. Oder er tat es, um seiner Bewunderung für den norwegischen Dichter Bjørnstjerne Bjørnson Ausdruck zu verleihen. Sicher ist jedenfalls, dass es die Schweden ärgert, dass der Träger des wichtigsten und medienwirksamsten Nobelpreises nicht in Stockholm, sondern jährlich Anfang Oktober im Osloer Nobel-Institut bekanntgegeben wird. Die Verleihung findet im Dezember im Osloer Rathaus statt.

Im Nobel-Friedenszentrum im prachtvoll restaurierten ehemaligen Westbahnhof können sich große und kleine Besucher dank moderner Medientechnik spielerisch über Alfred Nobel, den Friedenspreis und seine Träger informieren. Dem aktuellen Preisträger ist jeweils eine Sonderausstellung gewidmet. Alle bisher Ausgezeichneten sind in einem „elektronischen Garten" versammelt. Und ein „magisches Buch" macht mit Alfred Nobels Leben vertraut. *Mai–Aug. tgl. 11–17, Sept.–April Di–So 11–17 Uhr | Eintritt 140 NOK | Brynjulf Bulls plass 1 | Rådhusplassen | nobelsfredssenter.no | Straßenbahn 12 Aker Brygge |* ⏱ *1½ Std. |* 🗺 *G4*

9 NASJONALMUSEET ⭐

Mit dem gigantischen Kunstareal des neuen Nationalmuseums von knapp 55 000 m² hat Oslos Zentrum auch am westlichen Fjord 2022 ein neues Gesicht bekommen. Das Haus steigt in die Riege spektakulärer internationaler Museumsstätten auf. Der vom deutschen Architekturbüro Kleihues + Schuwerk errichtete riesige Komplex, der das Friedensnobelzentrum regelrecht umklammert, beherbergt neben einer Bibliothek, einem Archiv, Restaurants und Cafés gleich mehrere Museen: Das *Museum für Gegenwartskunst (Museet for Samtidskunst)*, das *Designmuseum (Kunstindustrimuseet)* und die *Nasjonalgalleriet* (Nationalgalerie) – insgesamt mit mehr als 50 000 Exponaten – von Gemälden der norwegischen Nationalromantik über Gegenwarts- bis hin zu Gebrauchskunst wie Glas, Porzellan und Möbel. Der Innenhof bietet wie eine italienische Piazza Platz zum Klönen und Leute gucken. *Di–So 10–21 Uhr | Eintritt 180 NOK | Vestbane |*

Der Schwede Alfred Nobel vertraute die Auswahl seines wichtigsten Preises den Nachbarn an

nasjonalmuseet.no | Straßenbahn 12 Aker Brygge | ○ 1½ Std. | ⬚ G4

lofjord mitbringen. *Straßenbahn 12 Aker Brygge* | ⬚ *G5*

🔟 AKER BRYGGE ⭐

Sobald die Sonne scheint und die Temperaturen steigen, ähneln dieser Kai am Fjord und die Gassen zwischen den Backsteinhallen einer ehemaligen Werft eher einer Piazza am Mittelmeer als einer skandinavischen Vergnügungsmeile. Dann sind die Stühle vor den Restaurants und Bars Aker Brygges komplett besetzt, Straßenmusiker nutzen die gute Akustik zwischen den Gebäuden, und Boote schieben sich lautlos an ihre Liegeplätze.

INSIDER-TIPP
Fangfrisches für frühe Vögel

Wer den Kai mal für sich haben möchte, kann im Morgengrauen am Hafen hinter dem Rathaus auf die Fischerboote warten, die frischen Fisch und Krabben direkt aus dem Os-

1️⃣1️⃣ ASTRUP FEARNLEY MUSEET ⭐

Der von Renzo Piano entworfene Prachtbau, Mittelpunkt des neuen Hafenquartiers Tjuvholmen, darf bei deinem Oslotrip auf keinen Fall fehlen. Wer sich unter dem wie ein Segel geformten Dach aus Glas und Stahl zwischen den zwei durchgestylten Ausstellungsgebäuden am Fjordufer bewegt, könnte fast vergessen, dass dieses Museum auch über eine ansehnliche Sammlung bedeutender norwegischer und internationaler Kunst verfügt, u. a. von Andy Warhol und Damien Hirst. Zum Bestand gehört die Skulptur *Michael Jackson and Bubble* des US-Amerikaners Jeff Koons. *Di, Mi, Fr 12–17, Do 12–19, Sa/ So 11–17 Uhr | Eintritt 150 NOK | Strandpromenaden 2 | afmuseet.no |*

Straßenbahn 12 Aker Brygge | 🕐 *2 Std. | ▥ F–G5*

12 TJUVHOLMEN

Mit Kunst geht es auch hinter dem Astrup-Fearnly-Museum gleich weiter: Auf der Kaianlage *Tjuvholmen,* mit Bjørvika der neueste Stadtteilzuwachs, vereint sich moderne und teils ausgefallene Architektur mit Kunstwerken und Galerien. Einen atemberaubenden Rundumblick verschaffst du dir vom superschlanken *Glaslift Tjuvtitten (im Sommer tgl. 12–18 Uhr | 40 NOK),* gleich im Hinterhof des Museums. Er bringt schwindelfreie Besucher in nur 40 Sekunden 54 m in die Höhe.

Ebenfalls direkt hinter dem Museum findest du den wohl zentralsten Badeplatz der Stadt. Dort kannst du dich im Sommer mit einem Sprung in den Fjord erfrischen. Achtung: Das Wasser hat auch bei sehr heißem Wetter nur etwa 17 Grad! ▥ *F–G5*

KARL JOHAN

Seit Jahrhunderten ist für alle Norweger die ⚑ *Karl Johans gate (▥ H–J4),* kurz Karl Johan genannt, der Inbegriff für Flanierlaune und Bummelspaß. Die ehemals feine Meile zwischen Bahnhof und Schloss, die zwar auch einige Luxusmarken beherbergt, büßte vor allem durch zahlreiche Modeketten, internationale Marken und Billigläden stark an ihrem einstigen Chic ein. So richtig zur Prachtstraße wird sie erst ab Höhe des Parlaments Stortinget, wenn sich der Blick entlang

Geschichte schnuppern und Geschenke shoppen auf der Karl Johans gate

Map labels:
250 m
273 yd
Wergelandsveien
Sven Bruns gate
Wessels gate
Nordahl Bruns gate
St. Olavs gate
Thor Olsens gate
Parkveien
Slottsparken
St. Olavs gate
Pilestredet
Akersgata
17 Det Kongelige Slott
16 Historisk museum
Ring 1
Teatergata
Kristian IVs gata
Slottsplassen
Holbergsgaten
Universitetsgata
Grubbegata
18 Ibsen-Zitatenstraße
Hürfeldts gate
T **15** Nationaltheatret
Stortingsgata
Løkkeveien
Ring 1
Fridtjof Nansens plass
T
14 Stortinget (Parlament)
Rosenkrantz' gate
Oslo Domkirke **13**
Nedre Vollgate
Øvre Slottsgate
Kongens gate
Karl Johans gate
E18

des Parks Studenterlunden auf der linken Seite und der prachtvollen Aula der Universität zur Rechten bis zum Schloss hin weitet. Hier fuhr das Kronprinzenpaar nach seiner Trauung in der Domkirke 2001 an der jubelnden Menge vorbei zurück zum Schloss. Der Blick lohnt auch von der anderen Richtung: Vom Hügel des Schlosses kann man dem wuseligen Treiben mit etwas Abstand entspannt zuschauen.

13 OSLO DOMKIRKE

In dem im Barockstil erbauten und 1697 geweihten Dom wurden 2001 Kronprinz Haakon Magnus und Kronprinzessin Mette-Marit getraut. Ihr herzlicher Kuss vorm Portal schrieb Boulevardgeschichte! Als protestantische Hauptkirche ist sie zugleich Amtssitz des Osloer Bischofs. Die Decken-

malereien von Hugo Lous Mohr schmücken eine Fläche von 1500 m^2, die Glasmalereien, die Jesu Geburt und Leben schildern, stammen von Emanuel Vigeland und wurden 1910 eingesetzt. *Sa–Do 10–16, Fr 16–23.30 Uhr | Eintritt frei | Karl Johans gate 11 | oslodomkirke.no | 30 Min. | J4*

14 STORTINGET (PARLAMENT)

„All makt i denne salen" – „alle Macht in diesen Saal" – skandierte der liberale Politiker Johan Sverdrup 1884 im Stortinget, dem Parlament. Die norwegischen Politiker hatten gerade für den Parlamentarismus gestimmt, dem schwedischen Unionskönig Oscar II. die Macht entrissen und sie ans Stortinget übertragen. Dabei war es mit Oscar I. ein anderer schwedischer

König gewesen, der den Auftrag für den Bau des Stortinget erteilt hatte. 1866 konnten die norwegischen Politiker erstmals am Karl Johan tagen. Weil zwei Löwenskulpturen von Christopher Borch die Auffahrt zum Eingang säumen, wird das Stortinget im Volksmund auch *løvebakken* (Löwenhügel) genannt. Nicht Borch selbst, sondern ein zum Tode verurteilter Sträfling haute die Löwen in Granit. Als Dank für seine Arbeit wurde er begnadigt. *Führungen nur auf Norwegisch, zu empfehlen ist die* ⚙ *Virtual Guided Tour auf der Website | Eintritt frei | Karl Johans gate 22, Eingang für die Führungen an der Akersgata | stortinget.no | T-Bahn 1–5 Stortinget | ⏱ 1½ Std. | ▥ H4*

🟥 **15 NATIONALTHEATRET**

Mit Backsteinen und norwegischem Granit gestaltete der Architekt Henrik Bull das Nationaltheatret, das den Platz Studenterlunden nach Westen hin abschließt. Norwegens Nationalbühne – damals war sie noch in privater Hand – wurde 1899 mit „Ein Volksfeind" von Henrik Ibsen eröffnet. Der Autor selbst saß bei der Premiere in der ersten Reihe. Vor dem Gebäude stehen die Skulpturen der norwegischen Dichterkönige Bjørnstjerne Bjørnson und Henrik Ibsen, die zur Eröffnung enthüllt wurden. *Johanne Dybwads plass 1 | Straßenbahn 13, 15, 19 Nationaltheatret | ▥ H4*

🟥 **16 HISTORISK MUSEUM**

Zwischen Kontrolle und Chaos: Die Ausstellung „Kollaps" zeigt anhand eines geschichtlichen Abrisses und mit-

hilfe von Multimedia und Exponaten die Zusammenhänge von Mensch und Natur durch die Jahrtausende, frei nach dem Motto „Wer war der Erste und wie hat er es geschafft, die Welt zu dem zu machen, was sie heute ist?" Das Historische Museum präsentiert derzeit auch einige Exponate des früheren *Vikingshipshuset* auf der Museumsinsel Bygdøy, das bis 2026 aufwendig zum *Vikingtidmuseet* umgebaut wird. *Mai–Sept Di–So 10–17, Do bis 18 Uhr | Eintritt 120 NOK | Frederiks gate 2 | historiskmuseum.no | ⏱ 1 Std. | ▥ H3*

🟥 **17 DET KONGELIGE SLOTT**

Seit König Harald V. das Gut Skaugum seinem Sohn Haakon überlassen hat, ist er mit Königin Sonja wieder öfter daheim in Oslo – dann weht die Fahne über dem Schloss. Der Architekt Hans Ditlev Franciscus von Linstow entwarf das Gebäude im neoklassizistischen Stil, das 1848 fertig war. Nach der Auflösung der Union mit Schweden 1905 avancierte es zum festen Königssitz, als König Haakon VII. hier einzog. Ein großer, der Öffentlichkeit zugänglicher Park umgibt das Schloss. Besonders schön ist der Teil *Dronningparken*, der Park der Königin, hinter dem Schloss. Den Eingang markiert eine Statue von Dronning Maud (1869–1938), erste Königin des selbstständigen Norwegens. Vor dem Schloss steht die Statue des schwedischen Königs Karl Johan, der vom Hügel aus auf seine Straße, die Karl Johans gate, hinunterblickt. Am 17. Mai, dem norwegischen Nationalfeiertag, stehen die Mitglieder der Königsfamilie auf dem

So geht „volksnah": Jeder darf auf der Treppe zum königlichen Schloss herumlümmeln

Schlossbalkon und winken dem vorbeiziehenden Kinderumzug zu.

Das Schloss wird von der 🚩 königlichen Leibgarde bewacht und ist nur im Sommer für Führungen geöffnet. Das ganze Jahr über findet täglich um 13.30 Uhr eine sehenswerte 👁 Wachablösung statt, im Sommer wird sie manchmal durch einen musikalisch begleiteten Aufmarsch ergänzt. *Ende Juni–Ende Aug. Schlossführungen auf Englisch tgl. 12, 14, 14.20, 16 Uhr, Tickets vorher bei ti cketmaster.no buchen | 175 NOK | kongehuset.no | Straßenbahn 13, 15, 19 Nationaltheatret | ⏱ 1 Std. | 📖 G3*

> **INSIDER-TIPP**
> **Parade der Männer in Uniform**

18 IBSEN-ZITATENSTRASSE 🚩

„Nur was verloren ist, ist für immer geliebt" – dies ist eins von 69 Zitaten, die den Weg säumen, auf dem Henrik Ibsen seinen täglichen Spaziergang absolvierte. Norwegens berühmtester Schriftsteller gilt als Begründer des modernen Dramas und ist einer der wichtigsten Vertreter des Realismus. Bis heute gehört Ibsen zu den weltweit meistgespielten Autoren. Die Zitatenstraße beginnt an seiner Wohnung in der Arbins gate 1, wo sich heute ein Theater befindet. Das Museum dort ist auf unbestimmte Zeit geschlossen. *T-Bahn 2,3,5 Nationaltheatret | 📖 G4*

FROGNER

Der Stadtteil zwischen Schloss und Frognerpark ist das Osloer Bürgerviertel. Die Straßen um den

U-Bahnhof Majorstuen säumen Häuserzeilen aus dem späten 19. und frühen 20. Jh. Viele der Stadtvillen beherbergen diplomatische Vertretungen.

Frogner wirkt zwar gesetzt, ist aber doch immer trendy. Jo Nesbø, Oslos Krimi-Kultautor und sein fiktiver Ermittler Harry Hole wohnen beide hier. Prachtvolle Villen, umgeben von kleineren Parks, in anderen Straßen wieder dicht an dicht stehende Mietshäuser – Stadthöfe genannt –, mit und ohne Erker, sind eine Augenweide für Architekturinteressierte.

Die bekanntesten und schönsten Volksparks der Stadt liegen in Frogner. Der schönste Teil des Viertels ist das Gebiet zwischen Frognerveien und

Deutlich bequemer ist das Herumlümmeln aber auf den Rasenflächen im Frognerpark

Gyldenløves gate. Beide Straßen führen zum Frognerpark hinauf.

🄳 HOMANSBYEN

Zwischen Uranienborgveien im Süden und Pilestredet im Norden wuchs in der zweiten Hälfte des 19. Jhs. Nordeuropas erste „Villenstadt" heran. Der Gesamteindruck ist heute leider durch Verkehrsaufkommen und neue Bauten in der Nachbarschaft getrübt, doch Kenner erkennen den Prunk und die schmuckvollen Details ziemlich schnell. Inspiriert von englischen Stadtvillen, ließen die Gebrüder Homan entlang der Straßen *Oscars gate, Josefines gate* und *Gustavs gate* ab 1858 großzügige Häuser bauen, die die wachsende Beamtenschaft Oslos anlocken sollten. Fabriken, Kleinbetriebe und Restaurants wurden von Anfang an ausgeschlossen, hier stand der Rückzug ins Private im Vordergrund.

Zu den schönsten Beispielen dieser buchstäblich reichen Architektur, die man leider nur von außen bestaunen kann, gehören das Haus in der *Josefines gate 13,* 1860 im französisch-gotischen Château-Stil mit Türmen und schmuckvollen Dachfassaden gebaut, und das im Südwesten von Homansbyen auf einer Anhöhe liegende *Uranienborgslott,* eine Villa im Neorenaissancestil mit Turm und Kuppel. *Straßenbahn 11 Homansbyen |* 🖽 *G2*

🄴 FROGNERPARKEN

Das Schmuckstück unter Oslos Parks ist zugleich die meistbesuchte Sehenswürdigkeit der Hauptstadt. Weil der weltberühmte Vigelandspark (siehe dort) im südlichen Zipfel des Parks

liegt und den meisten Besuchern ein paar Bilder von den monumentalen Vigeland-Skulpturen wichtig sind, versäumen sie es, sich in dem wunderschönen, romantischen Landschaftspark ausgiebig umzusehen. 3000 Bäume, darunter exotische Arten wie Magnolien-, Ginkgo- und Mammutbäume, säumen die Spazierwege. Norwegens größter Rosengarten mit 150 Arten und rund 14 000 Pflanzen gehört ebenfalls zum Frognerpark.

Dass die Osloer besonders am Wochenende zum Frognerpark pilgern, einen Picknickkorb mitbringen und bis zum Abend dort sitzen, hat auch mit den langen Traditionen von Schwimmbad und Stadion im Park zu tun. Im *Frogner Stadion* spielte Norwegens Fußballmannschaft ihr erstes Länderspiel – 1910 gegen Schweden. Das in den 1950er-Jahren eröffnete Freibad *Frognerbadet (Mo–Fr 7–19.30, Sa/So 10–18 Uhr | Eintritt 150 NOK)* am Ostrand ist nach wie vor beliebt. Auf den 3 ha Grünflächen des Parks tummeln sich an warmen Sommertagen bis zu 4000 Gäste, beim alljährlichen Rockfestival *Norwegian Wood* im Juni mindestens fünfmal so viel.

Ganzjährig rund um die Uhr geöffnet | Straßenbahn 12 Vigelandsparken oder Frogner stadion | ⬛ D–E 1–2

21 VIGELANDSPARKEN ★

Jedes Jahr locken die 212 aus Bronze, Granit und Schmiedeeisen geschaffenen Skulpturen des Bildhauers Gustav Vigeland (1869–1943) mehr als 1 Mio. Besucher an. Die bekannteste Skulpturensammlung Nordeuropas wurde nach Plänen des Künstlers entlang einer 850 m langen Achse im Frognerparken angelegt. Vigeland gruppierte seine Arbeiten in fünf Einheiten: das Haupttor, die Brücke mit dem Kinderplatz, an dem auch die berühmte Skulptur „sinnataggen" (der kleine wütende Junge) steht, die Fontäne, das erhöhte Plateau mit dem ⚑ „Monolithen" und schließlich das „Lebensrad". Besonders die Bedeutung des 17 m hohen Monolithen mit seinen 121 aus einem Stein gemeißelten Figuren gibt den Kunsthistorikern Rätsel auf: Ist es das Streben nach Höherem? Die Vision von einer Auferstehung? Oder nur der Ausdruck der Zusammengehörigkeit von Menschen? Vigeland hatte das Kunstwerk in den Jahren 1924–1925 entworfen, für die Fertigstellung brauchte es drei Steinmetze insgesamt 14 Jahre.

Wenn du bei schönem Sommerwetter Lust auf einen abendlichen Bummel im Vigelandspark hast, dann ==geh zum Monolithen hinauf und blick nach Osten (!) in den Sonnenuntergang.== Bis zu den Häusern an den Osthängen der Stadt schweift

INSIDER-TIPP
Abendrot verkehrt herum!

der Blick, wo sich das tiefrote Abendlicht spiegelt und auf die Dächer der Hauptstadt zurückgeworfen wird. Das Lichtspektakel in deinem Rücken ist nicht weniger faszinierend. Dort liegt die Holmenkollenschanze im Schatten des Sonnenuntergangs. Ein traumhaft schöner Abschluss eines Urlaubstags in Oslo! *Ganzjährig rund um die Uhr geöffnet | Eintritt frei | vigeland.museum.no | Straßenbahn 12 Vigelandsparken | ⏱ 1 Std. | ⬛ D–E 1–2*

22 OSLO BYMUSEUM ☂

Wunderschön eingebettet in den stilleren Teil des Frognerparks liegt der prachtvolle Herrenhof nach dänischem Vorbild, der seine Gestalt mit eher unnorwegischem Fachwerk Ende des 18. Jhs. bekam. Die Ausstellungen in dem heutigen Stadtmuseum sind aufwendig gestaltet: „OsLOVE" etwa schwärmt von den Sehenswürdigkeiten der Stadt, „Seventies" erzählt mit wilden Formen und Farben von den wilden Jahren zwischen politischer Opposition und Frauenbewegung. Schönster Raum im ersten Stock des Haupthauses ist der Ballsaal des einstigen Kammerherrn Bernt Anker, der bei der umfangreichen Renovierung nach 1790 eingerichtet wurde. Die Wände der oberen Räume schmücken Gemälde mit Osloer Landschaften aus dem 19. Jh. Auch das Osloer Theatermuseum ist im Stadtmuseum untergebracht. *Di–So 11–16 Uhr | Eintritt 100 NOK, Sa frei | Frognerveien 67 | oslomuseum.no | Straßenbahn 12 Frogner plass | ⏱ 1 Std. | ⬛ E2*

23 VIGELANDMUSEET

Der Vigelandspark ist das Werk, das Vigelandmuseum der dazu gehörige Arbeitsplatz. Die Räume dieser neoklassizistischen Villa nur fünf Spazierminuten vom Park entfernt waren Gustav Vigelands Werkstätten. Zwischen 1924 und 1943 wohnte und arbeitete er hier und hinterließ der Nachwelt seine rund 1600 Skulpturen, 12 000 Zeichnungen und 300 Holzschnitte, die Grundstock der Museumssammlung wurden. Die Urne des Künstlers befindet sich im Turm des Museums. Drei der insgesamt 14 Säle sind wechselnden Ausstellungen auch anderer Künstler vorbehalten. *Mai–Aug. Di–So 10–17, Sept.–April 12–16 Uhr | Eintritt 100 NOK | Nobels gate 32 | vigeland.museum.no | Straßenbahn 12 Frogner plass |* ⏱ *1½ Std. |* 🚇 *D2*

BYGDØY

Kaum 15 Minuten mit dem Boot (Mai–Okt.) von Aker Brygge entfernt wird Oslos Westen auf einmal ländlich. Doch der dörfliche Charakter täuscht: Mit herrschaftlichen Villen haben sich seit dem 19. Jh. vor allem Reeder und vermögende Kaufleute ihr traumhaftes Idyll am Oslofjord geschaffen.

Heute werden diese vor allem von Botschaften als Residenzen genutzt. Normalsterbliche genießen das gediegene Flair und lassen sich gern von Museum zu Museum treiben, nicht ohne Grund trägt die Halbinsel den Beinamen Museumsinsel. Wer genug von Kultur und Ausstellungen hat, nimmt an trockenwarmen Tagen

Keine Vorstellung von „monumental"? Da hilft ein Besuch der Kunstwerke im Vigelandspark

den Weg durch den Wald bis an die Südspitze, nach Hukodden. Ist der kühle Fjord doch etwas zu kalt, genießt du die maritime Stimmung einfach vom Ufer aus und schaust den Booten, Fähren und Kreuzfahrtschiffen beim Cruisen zu.

Auf dem Areal des früheren *Vikingshipshuset (Wikingerschiffmuseum)* entsteht derzeit ein weiterer Prestigebau, diesmal der Wikingerzeit gewidmet. Ab 2026 sollen hier die drei Wikingerschiffe *Osebergm, Gokstad* und *Tune* genauso wieder in vollem Umfang zu sehen sein wie die zahlreichen Alltagsgegenstände wie Krüge, Becher, aber auch Schmuck, Waffen und Instrumente. Ein paar ausgewählte Exponate findest du derzeit im Historischen Museum (s. S. 40) in der Osloer Innenstadt.

Wer im Sommer kommt, erfreut sich an Open-Air-Aktivitäten im Freilichtmuseum

24 NORSK FOLKEMUSEUM

Sich Einrichtungstipps im 70er-Jahre Wohnzimmer holen, Schweinen beim Wühlen zuschauen oder sich im Samizelt kurz aufwärmen – bei vielen Aktivitäten in und um die Bauten dieses Freilichtmuseums wird's keinem langweilig. Im Sommer machen Statisten beim Brotbacken oder beim Schafescheren die Illusion perfekt. Mit ein paar Bonbons aus dem Krämerladen lässt du dich dann auf einer Bank vor Setesdalen, alten Gehöften aus dem 17. Jh., nieder und genießt einfach nur die Atmosphäre. Highlight ist die Stabkirche aus dem Ort Gol im Hallingdal, bei einem Oslotrip die einzige Möglichkeit, die landestypischen Bauwerke mal aus der Nähe zu betrachten. *Mai–Sept. tgl. 10–17, sonst 11–16 Uhr | Museumsveien 10 | Eintritt 180 NOK | norskfolkemuseum. no | Bus 30 Folkemuseet |* ⏱ *2–3 Std. |* ▥ *C5*

25 HOLOCAUSTSENTERET

Die Villa Grande, während der deutschen Besatzungszeit das Wohnhaus des Nazikollaborateurs Vidkun Quisling, beherbergt heute das Forschungs- und Dokumentationszentrum zu Holocaust und Völkermord. Neben einer Dauerausstellung zu den während der Nazizeit getöteten 766 Juden erzählen wechselnde Ausstellungen über die Bedingungen von Minoritäten in der modernen Gesellschaft. Sehenswert ist auch der gut erhaltene Bunker, den sich Quisling im 2. Weltkrieg bauen ließ. *Mai–Sept. tgl. 10–18, sonst 10–16 Uhr | Villa Grande Huk Aveny 56 | Eintritt 120 NOK |*

hlsenteret.no | *Bus 30 Bygdøyhus* |
🕐 *1 Std.* | 🗺 *B7*

26 NORSK MARITIMT MUSEUM

Der Mensch und das Meer – nicht immer war und ist diese wechselseitige Verbindung von Glück und Ruhm begleitet. In Ausstellungen erfahren die Besucher so manches über die Geschichte der Seefahrernation Norwegen und die Aktivitäten ihrer vielen Seeleute. So lustig bunt der Leuchtturm am Kai hinter dem Museum aussieht, so ernst ist seine Aussage: Das Gebilde aus Netzen, Tampen und Tauen gilt als Mahnmal gegen die Plastikvermüllung der Weltmeere. Erhobener Zeigefinger mal sympathisch

Polarforscher Roald Amundsen vor der legendären Fram, die ihn bis zum Südpol brachte

verpackt! *Mai–Sept. tgl. 10–17, sonst 11–16 Uhr | Bygdøynesveien 37 | Eintritt 140 NOK | marmuseum.no | Bus 30 Fredriksborg |* 🕐 *45 Min. |* 🗺 *D6*

27 FRAMMUSEET 🚩

Noch einer, dem Norwegen schnell zu klein wurde: Roald Amundsen und seine legendäre *Fram,* genau gegenüber dem Kon-Tiki-Museum und mit seiner dreieckigen Architektur als Landmarke auch schon von Weitem gut zu erkennen. Legendär ist Amundsens Wettlauf zum Südpol im Jahr 1911, den er gegen den Briten Robert F. Scott gewann. Mit der Fram, die insgesamt drei Polarexpeditionen überstand, schrieb nicht nur er, sondern vor ihm schon der Forscher Fridtjof Nansen Geschichte. Du siehst es hier originalgetreu aufgebaut. Beim Rundgang unter Deck bekommst du eine Ahnung von der Enge und der bedrückenden Stimmung, die hier geherrscht haben muss, als Nansen und seine Crew während der dreijährigen Eisdrift mit der Fram stecken blieben. Im Winter und auch schon an frischen Sommertagen kann man diesem Feeling besonders gut nachspüren: Das Museum hat nämlich keine Heizung. Auch die *Gjøa* liegt in diesem Museum vor Anker; sie war das erste Schiff, das Amundsen komplett durch die Nordwestpassage steuerte. *Tgl. 10–17 Uhr | Eintritt 140 NOK | Bygdøynesveien 39 | frammuseum.no | Bus 30 Fredriksborg |* 🕐 *1 Std. |* 🗺 *D6*

28 KON-TIKI MUSEET

Auf die Idee muss man erst einmal kommen: Aus Balsaholz, Schilfen und

Bast Flöße zu bauen und sich damit über die Weltmeere treiben zu lassen. Thor Heyerdahl hatte genau diese Idee und sammelte während seiner Expeditionen wichtige archäologische, ethnologische und anthropologische Erkenntnisse für die Menschheitsgeschichte.

Das Museum feiert den norwegischen Entdecker mit der *Kon-Tiki,* dem Floß aus Balsaholz, im Zentrum der Ausstellung und vielen Exponaten, die von der unstillbaren Abenteuerlust Heyerdahls erzählen. *Mai–Aug. tgl. 10–18, Sept.–April 10–17 Uhr | Eintritt 140 NOK | Bygdøynesveien 36 | kontiki.no | Bus 30 Fredriksborg |* ⏱ *45 Min. |* 🗺 *D6*

OSTEN

In Gamlebyen, der Altstadt, liegt die Wiege der Stadt Oslo. Erst mit dem Aufbau des Stadtviertels Kvadraturen nach 1624 verschob sich der Mittelpunkt der Stadt von Osten nach Westen. Die Gebiete östlich von Akerselva blieben als Arbeiter- und Industriegebiete zurück und bildeten den Hinterhof der Hauptstadt mit großen sozialen Problemen.

Das hat sich in den vergangenen Jahren geändert. Oslos Osten gewinnt an Attraktivität, neue Architektur lockt vor allem junge Menschen an. Stadtteile wie Grünerløkka haben ihren Mief abgestreift. Sie sind trendy und strotzen vor Vitalität, Lebensqualität und Kultur. Zum Fjord strecken sich die Hochhäu-

ser des neuen Finanzviertels *Barcode* in den Himmel – ein umstrittenes Sammelsurium aus Glas und Beton mit 10 000 Arbeitsplätzen.

29 GAMLEBYEN

Wie zu einem italienischen Küstenstädtchen schlängelt sich die Straße am Hang hinauf nach *Gamlebyen,* zur „alten Stadt" und Oslos historischem Stadtkern. Bis zu fünfstöckige Stadthöfe prägen dieses Viertel, aber es gibt reichlich Platz und viel historische Bebauung, zumeist vom Ende des 19. Jhs. Nachdem sich Ende des letzten Jahrhunderts vor allem Einwanderer hier niederließen, hat sich Gamlebyen mittlerweile zu einem attraktiven Hinterhof der norwegischen Hauptstadt entwickelt, der viele junge Menschen anzieht. Das multikulturelle Ambiente tut dem Stadtviertel gut und bildet einen spannenden Kontrast zu den Spuren des Mittelalters.

Vom Jahr 1000 bis zum großen Brand 1624 war Gamlebyen das eigentliche Oslo. Es lag zwischen der Bucht von Bjørvika und Grønland und streckte sich noch etwas den Hügel von Ekeberg hinauf. Obwohl das damalige Oslo gerade mal 3000 Einwohner zählte, war es ein bedeutendes weltliches und geistliches Machtzentrum. Hier wurde gehandelt, hier hatten König und Bischof mit sechs Kirchen und drei Klöstern ihren Sitz. Überreste sind bis heute zu sehen. Beim heutigen *Bischofssitz (Sankt Halvards plass 3 | Straßenbahn 18, 19 | Bus 34, 74 Sankt Halvards plass)* kannst du im *Minneparken* die Ruinen der Hallvardskathedrale, des Olavsklosters und der

Kreuzkirche besichtigen. *Bus 37 Gal-geberg* | ⬚ *L5–6*

30 SØRENGA

Dieser neue Stadtteil ist in nur weni-gen Jahren praktisch aus dem Nichts entstanden. Wo früher Verladekräne und Container standen, überbieten sich heute attraktive Wohn-, Freizeit- und Kulturmöglichkeiten. Kein Wun-der also, dass das neue Gebiet süd-westlich von Gamlebyen jetzt schon als aufsteigendes Szeneviertel gehan-delt wird. Hier liegen mit dem angren-zenden *Middelalderparken*, dem eins-tigen Machtzentrum des Adels im Osten, und den Holzdecks und der Strandlinie am Fjord, die zum Flanie-ren, Chillen und Baden einladen, Alt und Neu nah beieinander. *Vannspei-let,* der kleine Park mit künstlichem See, markiert, wo im Mittelalter das Fjordufer lag. *Bus 85 Sørenga* | ⬚ *K6*

31 EKEBERGPARKEN 🐂

Am Hang südöstlich von Gamlebyen liegt der von einem Privatmann finan-zierte Skulpturen- und Kulturdenk-malpark. Beim Spaziergang durch den Wald führt dich der Weg vorbei an Kunstwerken u.a. von Auguste Ro-din, Damien Hirst, Salvador Dalí oder Markus Lüpertz. Besu-cher machen sich ger-ne den Spaß, die *Wal-king Woman* von Sean Henry ein „Stück des Wegs" zu begleiten.

INSIDER-TIPP
Spaziergang mit Begleitung

Von hier oben hat man übrigens ei-nen wunderbaren Blick auf die West-seite und das Zentrum der Stadt, an lauen Sommerabend ein echtes

Highlight. *Eintritt frei | Kongsveien 23 | ekebergparken.com | Straßen-bahn 18, 19 Oslo Hospital/Sjømanns-skolen* | ⏱ *1 Std.* | ⬚ *L–M 7–8*

32 GRØNLAND

Etwas versteckt hinter dem Haupt-bahnhof, von Grünerløkka im Norden und Gamlebyen im Süden begrenzt, ist Grønland Oslos kultureller Schmelz-tiegel. Hier trifft nüchterne skandinavi-sche Kultur auf viele fremde Einflüsse. Weil sich seit den 1960er-Jahren Ein-wanderer vor allem aus Pakistan hier niedergelassen haben, wird der Stadt-teil auch „Little Karachi" genannt. Exo-tische Geschäfte, fremdländische Ge-rüche, unbekannte Sprachen – in Grønland ist die Welt zu Hause! Dazu gibt es noch viel typisch Norwegisches. Im *Grønland Basar (Tøyengata 2/ Grønlandleiret)*, dem orientalisch an-mutenden Einkaufszentrum, liegen das typisch norwegische *Vinmonopo-let* und das *Thai House* gleich neben-einander. In Grønland erlebst du die spannende Symbiose der Kulturen. *T-Bahn 1–5 Grønland* | ⬚ *K–L4*

33 NATURHISTORISK MUSEUM 🌳🦋

In der Fossilienabtei-lung dieses Museums ist *Ida* zu Hause. Nicht die Schwester von Michel aus Lönne-berga, sondern der erste nachgewiese-ne Primat der Geschichte. Er lebte vor 47 Mio. Jahren und wurde 1983 als er-staunlich intaktes Fossil in Messel süd-lich von Frankfurt gefunden. Das Osloer Museum erwarb das Fundstück 2007 und präsentierte zwei Jahre später das

INSIDER-TIPP
Hallo, Klein Ida!

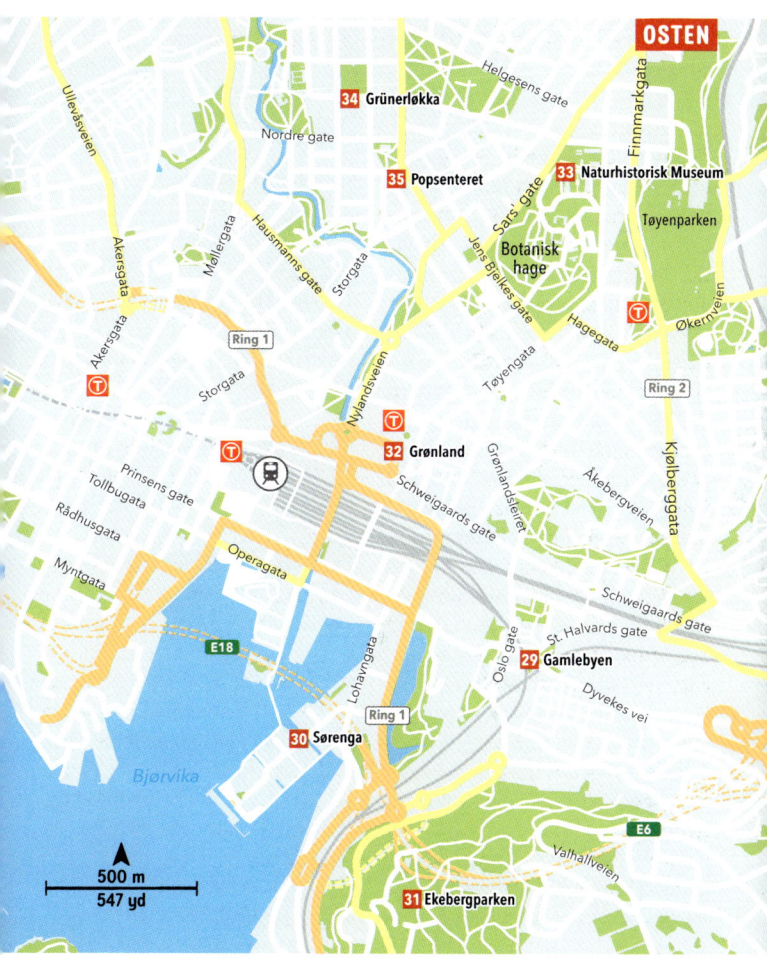

OSTEN

34 Grünerløkka
Nordre gate
35 Popsenteret
33 Naturhistorisk Museum
Helgesens gate
Finnmarkgata
Tøyenparken
Botanisk hage
Ullevålsveien
Akersgata
Akersgata
Møllergata
Hausmanns gate
Storgata
Sars' gate
Jens Bjelkes gate
Ring 1
Storgata
Nylandsveien
Tøyengata
Hagegata
Økernveien
Ring 2
32 Grønland
Prinsens gate
Tollbugata
Rådhusgata
Myntgata
Schweigaards gate
Grønlandsleiret
Åkebergveien
Kjølberggata
Operagata
E18
Lohavngata
Ring 1
Schweigaards gate
St. Halvards gate
Oslo gate
29 Gamlebyen
Dyvekes vei
30 Sørenga
Bjørvika
Valhallveien
E6
500 m
547 yd
31 Ekebergparken

Ergebnis einer Analyse des norwegischen Paläontologen Jörn Hurum. Danach soll Ida das fehlende Glied in der Entwicklung vom Tier zum Menschen sein.

Der *Botanische Garten* des Naturhistorischen Museums ist eine grüne Spazieroase. Besonders schön ist der *Duftgarten* (auch für Sehbehinderte und Rollstuhlfahrer angelegt) mit rund 90 verschiedenen Pflanzen. Norwegens Bergflora kannst du im *Fjellhagen*, dem Alpingarten. erleben. Im Miniaturgebirge mit Bächlein und Wasserfällen wachsen bis zu 1400 Bergpflanzen. *Museum tgl. 10–17, Botanischer Garten tgl. 7–21 Uhr | Museum Eintritt 150 NOK, Botanischer Garten frei | Sars gate 1 | nhm.uio.no | T-Bahn 1–5 Tøyen |* ⏱ *2 Std. |* 📖 *L3*

34 GRÜNERLØKKA

Als „beste Ostseite" wird der Stadtteil Grünerløkka gern bezeichnet. Mit der Stadterweiterung von 1858 entstanden östlich des Flüsschens Akerselva aus Brandschutzgründen Backsteinwohnhäuser, die die Ära des Holzbaus beendeten. Das Tempo, in dem das Stadtviertel wuchs, war dermaßen hoch, dass Grünerløkka damals auch als „Ny York" bezeichnet wurde.

In den 60er- und 70er-Jahren des vergangenen Jahrhunderts waren die für Grünerløkka typischen Stadtwohnhöfe derart heruntergekommen, dass man das ganze Quartier abreißen und in modernem Stil wieder aufbauen wollte. Hausbesetzer verhinderten dies, und mehr und mehr junge Leute und Künstler zogen nach Grünerløkka. Heute ist es in, mit Künstlern und Einwanderern in bunt gemischter Nachbarschaft zu wohnen. Und die wenigen Industriearbeiter, die es noch in Oslo gibt, wohnen auch weiterhin dort. Das Leben im Stadtteil pulsiert: Konzerte unter freiem Himmel, Ausstellungen oder Dokumentarkino – Kulturinteressierte finden in Grünerløkka immer ein Angebot und stets ein kleines Café gleich in der Nähe. In den Geschäften wird von norwegischen Designerkleidern über moderne Keramik bis zu exotischem Gemüse alles angeboten. Wer an einem Sommertag die Thorvald Meyers gate, Grünerløkkas Hauptstraße, entlangspaziert, genießt ein Straßenleben, das dem Treiben auf der Karl Johans

gate in nichts nachsteht. Wer noch einen Ausflug in die Geschichte der Stadtarchitektur machen möchte, spaziert westwärts über den Fluss Akerselva Richtung *Gamle Aker Kirke*. Unterhalb des ältesten Bauwerks von Oslo (1180) liegen die Straßen *Telthusbakken* und *Damstredet*. Dort ist die originale Holzhausbebauung aus dem ausgehenden 18. Jh. komplett erhalten – ein idyllisches Kleinod mitten in der Metropole. *Straßenbahn 12, 13 Schous plass |* 📖 *K2–3*

INSIDER-TIPP
Schnuckelige Häuschen im Skandilook

35 POPSENTERET

Es ist bekannt, dass norwegische Popstars immer wieder internationale Hitlisten stürmen – ihnen (und auch den eher weniger bekannten nationalen

Grünerløkka: In der Straße Damstredet wohnt der Trend im alten Stil

Kollegen) und ihren Songs ist dieses Museum gewidmet. Wer sich für norwegische Popgeschichte nur wenig interessiert, testet sein Lampenfieber vor virtuellem Publikum. Wer sich mehr traut, kann sich im Studio als Komponist versuchen oder verkleiden und für sein eigenes Plattencover Modell stehen. *Di–Fr 10–16, Sa/So 11–17 Uhr | Eintritt 125 NOK | Trondheimsveien 2, Gebäude T | popsenteret.no | Straßenbahn 12, 13 Schous plass |* ⏱ *2 Std. |* 🗺 *K3*

AUSSERDEM SEHENSWERT

36 REPTILPARK 🦎

Berühren verboten heißt es für Papageien, Leguane, Spinnen & Co., allesamt Bewohner im Reptilienpark. Jeden Dienstag um 17 Uhr wird gefüttert. *April–Aug. tgl. 10–18, sonst Di–So 10–18 Uhr | Eintritt Erw. 215, Kinder 185 NOK | Sankt Olavs gate 2 | reptilpark.no | Bus 37 Nordahl Bruns gate |* ⏱ *1 Std. |* 🗺 *J3*

37 SANKT HANSHAUGEN

Nordöstlich von Frogner, hinter dem berühmten Leichtathletikstadion Bislett, liegt das Viertel Sankt Hanshaugen. Auch hier bildet ein Park den Mittelpunkt. In den Jahren nach 1850 wurde der Sankt-Hanshaugen-Park im Stil eines englischen Landschaftsgartens angelegt, seit 1910 hat er seine heutige Form. Mittelpunkt der Anlage ist *tårnhuset,* das im Stil der Neorenaissance gebaute, 14 m hohe Turmhaus am höchsten Punkt des Parks, von dem aus du eine der besten Aussichten hinunter auf die Stadt und den Fjord hast. Die große Zeit des Sankt-Hanshaugen-Parks begann im Jahr 1890. Park und Restaurant waren damals im Sommer derart beliebt, dass der Stadtgärtner in den 1930er-Jahren beklagte, der ganze Park rieche nach Schweiß. Es gibt heute zwar nur noch selten Parkkonzerte, aber noch immer ist das *Mittsommernachtsfest* im Sankt-Hanshaugen-Park ein absolutes Highlight nicht nur für die Bewohner des Stadtteils. *Bus 21, 37, 46 Sofies plass | ⬚ H–J 1–2*

38 INTERNASJONAL BARNE-KUNSTMUSEUM (KINDERKUNST-MUSEUM) 🎠

Ein ungewöhnliches Museum mit ungewöhnlicher Zielsetzung: Kinderkunst aus aller Welt zu sammeln, zu erhalten, zu vermitteln – und neue Kunst zu schaffen. Das passiert v. a. in der Werkstatt, in der Kinder verschiedene Techniken ausprobieren können. Dazu gibt es Tanz, Gesang und Spiel. Der Garten des Museums ist ein kleines Fantasien, in dem sich viele junge Künstler austoben durften. *Juni–Aug. Di–Do, Sa/So 11–16 Uhr | Eintritt Erw. 75, Kinder 40 NOK | Lille Frøens vei 4 | barnekunst.no | T-Bahn 1 Frøen | ⏱ 1 Std. | ⬚ 0*

39 EMANUEL-VIGELAND-MUSEUM

Emanuel Vigeland (1875–1948), der jüngere Bruder des bekannteren Bildhauers Gustav Vigeland, ließ 1926 ein Museum für seine Skulpturen und Malereien bauen. Zu Beginn der 1940er-Jahre verwandelte der

Einmal die Holmenkollen-Schanze hinunter? Klar, mit der Zipline ganz bruchsicher

AUSSERDEM SEHENSWERT

41 Bogstad Gård
Voksen skog
40 Holmenkollen ★
Teknisk Museum 42
Holmenkollen
Brekke
Voksen
Carl Kjelsensvei
Kringsjå
Vettakollen
Nordberg
150
Hovseter
39 Emanuel-Vigeland-Museum
Holmen   Ring 3   Gaustad   Berg   Ring 3
Vinderen
Huseby   Sørkedalsveien   Sandaker
38 Internasjonal Barnekunstmuseum
(Kinderkunstmuseum)
150   Smestad   Ring 2   Torshov
Ullernåsen   Volvat
37 Sankt Hanshaugen
Hoff   Ring 2   Dælenenga
2 km   Frogner   Ring 2
1.24 mi   E18   36 Reptilpark
Bygdøy allé   Ring 1
Sjølyst

stark von der italienischen Renaissance beeinflusste Künstler das Haus in ein Mausoleum: *Tomba Emmanuelle* (Emanuels Grab). Die Fenster wurden zugemauert, das Fresko, das Wände und Decken bedeckt, nannte er

INSIDER-TIPP
Kunst zum Rotwerden

vita: Mit der Schöpfung und dem Sündenfall als Motiv schuf Emanuel Vigeland Hunderte nackter Männer- und Frauenfiguren, die Erotik und menschliche Triebe symbolisieren. Die Wirkung verstärkt sich durch das spärliche Licht, die Dramatik des Kunstwerks tritt nur ganz langsam hervor – ein Erlebnis! *So 11.30– 16 Uhr | Eintritt 90 NOK | Grimelundsveien 8 | emanuelvigeland.museum. no | T-Bahn 1 Slemdal | Bus 46 Vindern | ⏱ 45 Min. | ▱ 0*

40 HOLMENKOLLEN ★ ⚑

Wie ein riesiger Suppenlöffel sieht die Skisprunganlage aus, eine der berühmtesten der Welt, die 2011 bei den Nordischen Skiweltmeisterschaften ihre erste große internationale Meisterschaft erlebte. Mit futuristischem Outfit, angenehmer Großzügigkeit in der Gestaltung und herrlichem Blick über Oslo, den du am Fuß der Schanze schon erahnen kannst. Von der Plattform auf dem Turm hast du eine traumhaft schöne Aussicht über Oslo, den Fjord und Marka. Neben dem *Skimuseum (Museum und Sprungturm Juni-Aug. tgl. 9–20, Mai/ Sept. 10–17, sonst 10–16 Uhr | Eintritt 160 NOK komplett)* – in dem unter anderem *Øvrebø-Skier* aus dem 16. Jh. ausgestellt sind – und dem Skisimulator, einem gläsernen Fahrstuhl an der

Außenwand des Schanzenturms und dem Café ist das Sommertraining der Skispringer ein weiterer guter Grund, ein paar Stunden auf dem Holmenkollen zu verbringen. Du kannst es auch ohne Skier probieren: Beim Ziplining mit *Kollensvevet* geht's vom höchsten Punkt an einem Drahtseil 361 m hinab – Adrenalin pur *(Juni–Aug. Mo–Fr 11–18, Sa/So 11–19 Uhr | 690 NOK | kollensvevet. no)*. Ein Spaziergang führt dich zur *Holmenkollen kapell*. Die dunkel gebeizte Holzkirche wird von der Königsfamilie zu besonderen Anlässen genutzt. Der Blick von dort über Oslo und die Wälder von Nordmarka ist wunderschön. *holmenkollen.com | T-Bahn 1 Holmenkollen |* ⏱ *1½ Std. |* ▥ *h5*

> **INSIDER-TIPP**
> **Schanzensprung mit Sicherheitsleine**

Raus in die Natur von Marka – nur ein paar Stationen von der City entfernt

41 BOGSTAD GÅRD

300 Jahre prägten norwegische Kultur, Geschichte und Politik diesen Ort, bis er 1955 in eine Stiftung überführt und als Museum für jedermann zugänglich wurde. Was für ein Glück, denn heute kann man hier ganz entspannt einen abwechslungsreichen Nachmittag in historischem Ambiente verbringen: Erst gemütlich am See *Bogstadvannet* und der im englischen Stil angelegten Parkanlage herumspazieren und dann dem klassizistischen Landhaus aus dem 18. Jahrhundert und den 🐑 Schafen, Kühen und Hühnern im angrenzenden Gehöft einen Besuch abstatten. Das *Café Grevinnen* liegt in der ehemaligen Waschküche, zwischen Waschbottich und Ofen kannst du dir nach der Besichtigung frische Boller und Zimtschnecken schmecken lassen. *Di–So 12–16 Uhr | Sørkedalsveien 450 | Eintritt frei (ausgenommen Führungen) | bogstad.no |* ⏱ *1½ Std. |* ▥ *0*

42 TEKNISK MUSEUM 🐑

Im Nationalmuseum für Technik, Wissenschaft und Medizin ist immer etwas los – vor allem für die jüngeren Gäste. Interaktive Installationen, Roboterzentrum und Planetarium gehören zu den Highlights, doch gerade die Sammlung mit Exponaten ab 1850 bis heute macht den Besuch zum Erlebnis. *Juni–Aug. tgl. 10–17, sonst Di, Mi, Fr 9–16, Do 9–21, Sa/So 10–17 Uhr | Eintritt Erw. 165, Kinder 110 NOK | Kjelsåsveien 143 | tekniskmuseum.no | Bus 54, Straßenbahn 11, 12 Kjelsås |* ⏱ *1 Std. |* ▥ *e1*

AUSFLÜGE

43 MARKA

7 km/42 Min. von Majorstuen (mit T-Bahn 1 Frognerseter)

Fragt man Osloer, was an ihrer Stadt am schönsten ist, kommt die Antwort spontan: Marka! Nordeuropas größtes Naherholungsgebiet ist Teil der Osloer Identität. Wie ein riesiger grüner Kranz legt es sich um den Stadtkessel, lädt im Sommer zu Wanderungen auf beschilderten Wegen durch endlose Wälder, im Winter auf einem perfekt präparierten, 2600 km langen ⚑ Loipennetz. Wer mag, kann in einer der vielen Hütten des *Norwegischen Bergwandervereins DNT (turistforeningen. no)* eine Koje reservieren – und dennoch im Osloer Stadtgebiet übernachten. Die meisten Hütten werden bewirtschaftet. Wanderkarten gibt es im Buchhandel, nähere Auskünfte zu den Hütten findest du auf den deutschen Internetseiten von DNT. Den besten Einstieg in die Wälder von Marka hast du von *Holmenkollen* oder *Frognerseter* aus. Wer nur eine Joggingtour oder einen Ausflug mit den Kindern plant, kann sich von diesen beiden Haltestellen der T-Bahn 1 aus auch auf die Beschilderung entlang der Wanderwege verlassen. 📖 0

44 HENIE-ONSTAD-KUNSTSENTER ★

15 km/16 Min. vom Hauptbahnhof (Bus 151 ab ZOB)

Große Kunst am Fjord – im Henie-Onstad-Kunstzentrum kommen beeindruckende Architektur, Fjordlandschaft und ein bisschen Hollywoodglamour mit herausragender, europäischer moderner Kunst zusammen. Seinen Namen verdankt das Zentrum dem norwegischen Eiskunstlauf- und Hollywoodstar der 1920er- und 1930er-Jahre, Sonja Henie. Die Kunstsammlung, die sie und ihr Mann, der Reeder Niels Onstad, aufgebaut hatten – in der Hauptsache moderne französische Werke –, bildete die Grundlage des Kunstzentrums.

Fächerartig öffnet sich der Bau zum Fjord hin, ragt aus der Landzunge Høvikodden heraus. 1968 wurde die Kunsthalle mit 110 Werken aus der Henie-Sammlung eröffnet. Henie und ihr Mann sind auf dem Hügel oberhalb des Zentrums begraben. Auf 3000 m² Ausstellungsfläche werden Teile der Sammlung und wechselnde Ausstellungen bedeutender norwegischer und internationaler Künstler präsentiert. Im Skulpturenpark ist Henry Moores „Knife Edge" eins der Hauptwerke. Vom Park aus empfiehlt sich eine kurze Spaziertour durch den Wald zum Fjordufer, von wo aus du Richtung Oslo bis zum Veritas-Gebäude gehst. Von dort hast du einen schönen Blick auf die Halbinsel Fornebu, früher Standort des Osloer Flugplatzes. *Di–So 11–17, Do bis 21 Uhr | Eintritt 130 NOK | Sonja Henies vei 31 | Høvikodden | hok.no |* ⏱ *1½ Std. |* 🛏 *0*

45 BÆRUMSVERK ⚑

20 km/30 Min. ab Hauptbahnhof (Auto über E 18 oder Bus 150 ab Hammersborggata)

So stellt man sich die typisch skandinavischen Orte vor: Weißgetünchte Holzhäuschen, idyllisch gelegen an einem reißenden Fluss, der ab dem 17. Jh. die Schmelzhütten des Orts in Betrieb hielt. Besucher bummeln heute gerne durch die *Verksgata,* die historisch restaurierte Handelsstraße und genießen mit den vielen Skulpturen zwischen den Gebäuden die gelungene Mischung von Kunst und Geschichte. In

den putzigen Lädchen gibt's vor allem Handwerkskunst und Kunsthandwerk. Hier kannst du dich mit selbst gemachter Schokolade, Keramik, Besen oder Strickwaren versorgen. Im *Pannekakehus (tgl. 12–19 Uhr | Verksgata 15)* solltest du dir unbedingt eine der fantasievollen Pfannenkuchen-Kreationen gönnen. Ein Renner zur Adventszeit ist die Kutschfahrt durch den Ort mit echten (!) Rentieren. *baerumsverk.no |* ⏱ *2 Std. |* 🛏 *0*

46 DRØBAK

36 km/30 Min. ab Oslo Bussterminalen (Bus 500)

Im wunderschön erhaltenen Ortskern von Drøbak wählst du zwischen Cafés und vielen Shops mit Kunsthandwerk und Interieur. Trompetende Engel oder doch lieber einen Weihnachtsmann mit roten Backen? Im *Tregaarden's Julehus (Havnebakken 6 | julehus.no)* direkt am Marktplatz kannst du das ganze Jahr über Weihnachtsdeko kaufen. In *No3 Drøbak* und *Det Norske Hus*, beide in der Torggata, bieten allerlei Krimskrams für ein gemütliches Zuhause im skandinavischen Stil an. Im *Café Drøbak* bekommt man schon vom Anblick der Sandwichkreationen Hunger. 🛏 *0*

47 ÅSGÅRDSTRAND

97 km/1 Std. ab Hauptbahnhof (Auto über E 18)

Edvard Munch nannte das Sommerhaus am Oslofjord sein „Glückshaus". Hier entstanden seine wichtigsten Werke, und wenn man durch das heutige Museum und den Garten streift, erahnt man, was den Künstler zu seinen grandiosen Gemälden inspiriert

Zuschauen, wie Glaskunstwerke entstehen: Der Traditionsbetrieb Hadeland öffnet seine Hütte

haben mag. Sehr angenehm ist, dass Besuchermassen nicht unbedingt den Weg hierher finden, und so bleiben das Munchhaus und der kleine Ort, der im 19. Jh. den Osloern als Sommeridyll diente, noch immer ein Geheimtipp. Ups, verraten! *Juni–Sept. Di–So 11–16, sonst Sa/So 11–16 Uhr | Eintritt 100 NOK inkl. Führung | munchshus.no | ⏱ 1½ Std. | ▥ 0*

48 HADELAND GLASSVERK
67 km/1 Std. (Auto über E 16 oder Bus FB20 ab Oslo Flughafen)
Ein Spaß nicht nur für Liebhaber: In dieser Glasbläserei dreht sich alles um die hohe Kunst der Glasproduktion. Besucher können an einer Führung übers Gelände teilnehmen und auch beim Glasblasen zuschauen. Trinkbecher oder Blumenvase? Wer Lust hat, zieht danach noch seine eigene Kerze und fertig ist der mit eigenen Kreatio-

nen gedeckte Tisch. **☎ Kinder können hier ihr eigenes Glas selbst blasen und anschließend durch Sandstrahlen mit lustigen Mustern verzieren.** Im Shop gibt's die gesamte Kollektion des beliebten norwegischen Traditionshauses zu kaufen, für den schmalen Geldbeutel finden sich attraktive Schnäppchen zweiter Wahl.

Die Glasbläserei in Jevnaker wurde 1762 gegründet und gilt als älteste Industrieanlage Norwegens, die auch heute noch in Betrieb ist. *Mai–Sept. Mo–Fr 10–15 Uhr, Glas blasen für Kinder Sa 10–14.15, So 11–15.15 Uhr (unbedingt anmelden unter Tel. 613 1 64 00 oder post@hadeland-glassverk. no | Tickets ab 189 NOK, den Glasbläsern bei der Arbeit zuschauen ist gratis | Glassverksveien 9 | Jevnaker | hadeland-glassverk.no | ⏱ 2 Std. | ▥ 0*

> **INSIDER-TIPP**
> **Tischlein deck dich zum Selbermachen**

ESSEN & TRINKEN

Frei, experimentierfreudig, abenteuerlustig – wer auf keine etablierte Küchentradition blickt, kann seiner Inspiration freien Lauf lassen. Die typische Osloer Küche sucht man deshalb vergeblich, dafür findet man unzählige Restaurants, je nachdem, nach welcher Nationalität oder Zutat es einen gerade gelüstet. Die derzeitigen Küchenstars, die es hier inzwischen an die Weltspitze schafften, suchen ihre Zutaten direkt in der Umgebung – im Wald, am Fjord oder in den Bergen und bringen mit ihren naturnahen Kreationen die Kritiker regelmäßig in Verzückung.

Alle Adressen in diesem Kapitel findest du auf der Faltkarte

Wer in Oslo *smørbrød* ordert, darf sich auf appetitliche Kreationen rund ums Brot freuen

Essen gehen zählt schon allein der Preise wegen für den Osloer zu einem besonderen Erlebnis. Ob Lunch oder Abendessen – stets kostet es hier etwas mehr, als man es aus Mitteleuropa gewohnt ist. Eine schnelle *pølse* (Wurst) vom nächsten Kiosk oder ein *rekesmør* (Brötchen mit frischen Krabben) ist auch für den schmalen Geldbeutel erschwinglich. Was du dir aber in Oslo auf keinen Fall entgehen lassen solltest: eine *fiskesuppe* (Fischsuppe), klassisch mit Dorsch, Lachs und Sahne – näher kommst du einer traditionellen Küche wohl kaum.

WO OSLO ISST

VOLVAT

Frognerparken

FAGERBORG

Majorstuen Ⓣ

Valkyrie gate

Kirkeveien

Bogstadveien

📍 **Lofotstua** ⭐

ZWISCHEN SCHLOSS & FROGNERPARK

Gehobene Küche und kreative Menüs – das Publikum hier mag's stilvoll

Ring 2

Halvdan Svartes gate

Ring 2

FROGNER

BRISKEBY

Lorry ⭐ 📍

Bygdøy allé

Slottsparken

Det Kongelige Slott

Henrik Ibsens gate

📍 **Palace Grill** ⭐

MARCO POLO HIGHLIGHTS

⭐ **EKEBERG-RESTAURANTEN**
Erst mit Ausblick schlemmen und dann zum Verdauungsspaziergang in den angrenzenden Skulpturenpark ➤ S. 71

⭐ **LOFOTSTUA**
Fisch frisch und gut – in einem Ambiente wie beim Fischer zu Hause ➤ S. 66

⭐ **KONTRAST**
Nordisch kühles Ambiente, aber ein Hochgenuss für den Gaumen ➤ S. 72

⭐ **MAAEMO**
Gourmeterlebnis mit ungewöhnlichen Kompositionen erstklassiger Zutaten ➤ S. 71

⭐ **PALACE GRILL**
Hier kommt man ohne Karte aus – dafür mit Charme und ungezwungener Atmosphäre ➤ S. 70

⭐ **LORRY**
Der Klassiker unter Oslos Kneipen mit illustren Gästen und einfacher Kost ➤ S. 72

SKILLEBEKK

Ring 1

Munkedamsveien

E18

FILIPSTAD

Pipervika

AKER BRYGGE & TJUVHOLMEN

Sehr beliebt: Platz nehmen mit Blick aufs Wasser

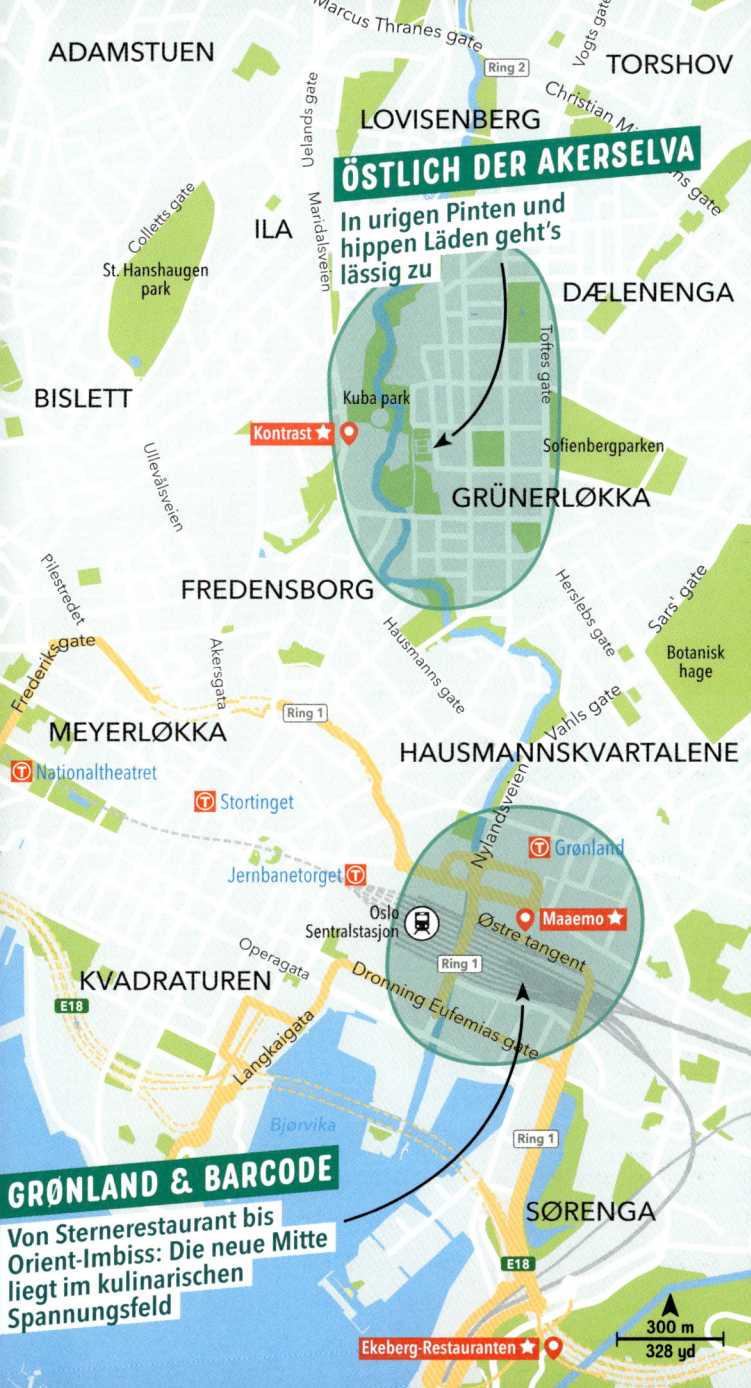

ADAMSTUEN

Marcus Thranes gate

Ring 2

TORSHOV

LOVISENBERG

Vogts gate

Christian M...

ILA

ÖSTLICH DER AKERSELVA

In urigen Pinten und hippen Läden geht's lässig zu

DÆLENENGA

Collets gate

St. Hanshaugen park

BISLETT

Kuba park

Kontrast ★

Sofienbergparken

GRÜNERLØKKA

Ullevålsveien

Toftes gate

Maridalsveien

Uelands gate

FREDENSBORG

Hausmanns gate

Herslebs gate

Sars' gate

Botanisk hage

Pilestredet

Akersgata

Ring 1

Frederiks gate

MEYERLØKKA

T Nationaltheatret

HAUSMANNSKVARTALENE

Vahls gate

Nylandsveien

T Stortinget

T Grønland

T Jernbanetorget

Oslo Sentralstasjon

Maaemo ★

Østre tangent

Ring 1

KVADRATUREN

Operagata

Dronning Eufemias gate

E18

Langkaigata

Ring 1

SØRENGA

Bjørvika

GRØNLAND & BARCODE

Von Sternerestaurant bis Orient-Imbiss: Die neue Mitte liegt im kulinarischen Spannungsfeld

E18

300 m
328 yd

Ekeberg-Restauranten ★

Eine kleine Besonderheit in Norwegen: *middag* wird nicht – wie der Name vermuten lässt – am Mittag, sondern gegen Abend gegessen. Mittags isst man in Oslo *lunsj*. Viele Gaststätten bieten Lunchkarten mit kleineren, deutlich günstigeren Gerichten an. Zum *middag*, dem Abendessen, füllen sich die Restaurants meist ab 19, öffnen aber bereits um 17 Uhr. Bier oder Wein sind teuer, und es ist durchaus üblich, zum Essen nur *vann* (Leitungswasser) zu bestellen. Bezahlt wird in Restaurants, Cafés und Kneipen meist mit Kreditkarte, mit Bargeld nur noch selten.

CAFÉS & BISTROS

1 ÅPENT BAKERI

Traditionelles Bäckereihandwerk vom Feinsten, dazu gemütlich im Garten sitzen. Hier gibt's schon ab 7.30 Uhr Öko-Backwerk und herrlichen Kaffee in den verschiedensten Varianten. *Mo–Fr 7.30–17, Sa 8–16, So 10–15 Uhr | Inkognito Terrasse 1 | Bus 30, 31, Straßenbahn 12, 13 Solli plass | € | Frogner | 🗺 F3*

2 GODT BRØD

INSIDER-TIPP
Rosinboller statt Pferdeäpfel

Die Backstube ist offen. Früher, im 19. Jh., ruhten sich hier die Straßenbahnpferde aus. Große und kleine Gäste genießen frisches Brot, lecker belegt, und *boller*, also Gebäckteilchen in vielen Varianten – alles ökologisch und sehr lecker. Es gibt auch Salate. *Mo–Fr 6–18, Sa/So 8.30–18 Uhr | Thorvald Meyers gate 49 | Straßenbahn 11, 12, 13 Olav Ryes plass |*

€ | Grünerløkka | 🗺 K2. Weitere Filialen: *Theresesgate 33 | Bolteløkka | 🗺 G1 und Nydalsveien 33 | Nydalen | 🗺 d3*

3 KAFFEEBRENNERIET

Auch in Oslo schießen Kaffeebars wie Pilze aus dem Boden. *Kaffeebrenneriet* hat in der Stadt 31 Filialen und überrascht mit günstigen Preisen für sehr guten Kaffee. Die Leckereien dazu kommen aus der eigenen Bäckerei. *So geschl. | z. B. Akersgata 45 | € | Karl Johan | 🗺 J4.* Weitere Filiale im Zentrum: *Storgata 2 | Karl Johan | 🗺 J4*

4 PASCAL KONDITORI 🍦

Süße Köstlichkeiten und kleine Mahlzeiten serviert der mehrfach ausgezeichnete Konditor Pascal Dupuy gleich gegenüber dem Schloss. Hier war schon der ehemalige US-Präsident Bill Clinton zu Gast. *Mo–Fr 8–17.30, Sa 10–17.30, So 11–17 Uhr | Henrik Ibsens gate 36 | Straßenbahn 13, 19 Nationaltheatret | pascal.no | €€ | Karl Johan | 🗺 G4*

5 LILLE VALKYRIEN KAFFE OG TEHUS

Wer durch Oslos Westen nahe dem Frognerpark bummelt, sollte hier seine Tee- oder Kaffeepause einlegen. Es duftet herrlich, du wirst sehr nett bedient. Der Platz ist begrenzt, aber dafür ist viel Zeit zum Schauen. Nimm dir doch gleich noch ein Päckchen Kaffee mit nach Hause. *Tgl. 8.30–17 Uhr | Jacob Aalls gate 17 | Straßenbahn 11, 12, 19 | T-Bahn 1–5 Majorstuen | lillevalkyrien.no | €€ | Majorstuen | 🗺 F1*

6 SAGENE LUNSJBAR

Kurz vor dem Abbruch wurde das Lokal im Nordosten Oslos gerettet, das Jung und Alt, Nachbarn und Gäste von weither gleichermaßen freundlich empfängt. Einfache, gute Kost zu erschwinglichen Preisen. *Di–Sa 11–23, So 11–19 Uhr | Maridalsveien 153 | Tel. 98 44 89 00 | Bus 20, 37, 54 Arendalsgata | € | Sagene | ☐ c5*

7 OSTEBUTIKKEN

Oslos kleinstes Bistro (fünf Tische) erwartet neugierige Gaumen mit Bouillabaisse, Cassoulet und einer herrlichen Käseplatte. Ein kleines Stückchen Frankreich mitten im Trendviertel Grünerløkka. *Mo–Do 17–23, Fr/Sa 13–23 Uhr (Geschäft ab 10 Uhr) | Thorvald Meyers gate 27 | Tel. 22 37 80 65 | oste butikken.com | €€ | Bus 30, Straßenbahn 11, 12, 13 Birkelunden | Grünerløkka | ☐ K1*

**INSIDER-TIPP
Savoir-vivre in der Løkka**

8 FREDERIKKE SPISERI

Man muss kein Student sein, um günstig in der Studentenkantine in Blindern essen zu dürfen. Stell dir deinen Lunch selbst zusammen: Ob Wrap, warmes Essen, Salat oder Brote – bezahlt wird nach Gewicht. *Mo–Fr 11–17 Uhr | Problemveien 11 | T-Bahn 4, 5 Blindern | € | Blindern | ☐ a5*

**INSIDER-TIPP
Studenten-futter, das satt macht**

9 THEATERCAFEEN

Neben dem Café des Grand Hotel vis-à-vis gilt das Theatercafeen als die Kaffeehausinstitution der Stadt. Hier trifft

Sehr guter, aber günstiger Kaffee: Kein Wunder, dass die Kaffebrenneriet-Läden beliebt sind

Von der Hand in den Mund: frische Meeresfrüchte to go in der Fiskeriet

sich vor allem die gediegene Osloer Oberschicht zum beliebten Afternoon Tea von 14 bis 18 Uhr in gepflegter englischer Tradition. Tee? Ach, i wo! Wir starten lieber gleich mit einem Gläschen Champagner. *Di–Sa 11–23 Uhr | unbedingt reservieren! | Stortingsgaten 24/26 | Tel. 22 82 40 50 | theatercafeen.no | Straßenbahn 13, 15, 19 Nationaltheateret | €€ | Karl Johan | ☐☐ H4*

FRISCH VOM KUTTER

🔟 LOFOTEN

Das exklusive Fischrestaurant liegt passend am Kai von Aker Brygge. Frischer Fisch und Meeresfrüchte aus Norwegen. Konservativ, aber nie langweilig serviert. *Mo–Fr 11.30–22, Sa 12–22 Uhr | Stranden 75 | Tel. 22 83 08 08 | lofoten-fiskerestaurant.no | €€€ | Stra-*

ßenbahn 12 Aker Brygge | *Aker Brygge | ☐☐ G5*

11 LOFOTSTUA ⭐ 🚩

Einmal richtig norwegisch Fisch essen – ohne Schnickschnack und mit der Ungezwungenheit Nordnorwegens als erfrischende Zutat beim Service. *Mo–Fr 15–21.30 Uhr | Kirkeveien 40 | Tel. 22 46 93 96 | lofotstua-as.business.site | Bus 20, Straßenbahn 11, 12, 19, T-Bahn 1–5 Majorstuen | €€ | Majorstuen | ☐☐ F1*

12 SOLSIDEN

Stell dir vor: Ein lauer Sommerabend in Oslo, du hast Lust auf Meeresfrüchteplatte mit allem, was Norwegens Küsten so zu bieten haben: Jakobsmuscheln, Krabben, Krebse, Hummer … Gibt's nur am Mittelmeer? Falsch: Direkt unterhalb der Akerhus Festning findest du das Restaurant deiner Träume. Nirgendwo lässt sich der Sonnenuntergang stimmungsvoller genießen. Reservierung empfohlen. *Mai–Sept. Mo–Sa 16.30–21.30 Uhr | Akershusstranda 13 | Tel. 22 33 36 30 | solsiden.no | Straßenbahn 12 Kontraskjæret | €€ | Kvadraturen | ☐☐ H5*

13 FISKERIET

Appetit auf unaufgeregte Fischgerichte in bodenständiger Atmosphäre? Oder bist auf der Suche nach einem Snack einfach frisch auf die Flosse? Dann bist du am Youngstorget genau richtig. Hier gibt's die besten Fish & Chips der Stadt. Unbedingt auch mal probieren: *Bacalao*, das Traditionsgericht aus Portugal wird mit norwegischem Klippfisch zubereitet. *Mo–Fr 11–21, Sa 12–21 Uhr | Youngstorget 2 b | Tel. 22 42 45 40 | fiske*

Unsere Empfehlung heute

Vorspeisen

REKER
Garnelen, serviert mit Weißbrot,
Mayonnaise, Zitrone und Weißwein

SPEKEMAT
kalte Platte mit gepökeltem
Schweinefleisch, Lammfleisch *(fenalår)*
und Würsten

BLÅSKJELL
Miesmuscheln, serviert im
Weißweinsud, dazu Baguette

Hauptgerichte

ELGSTEAK
Elchbraten, mit Gemüse und
gratinierten Kartoffeln serviert

FINNBIFF
fein geschnittenes Rentierfleisch mit
Sauerrahmsauce und braunem
Ziegenkäse

KOKT TORSK
pochierter Kabeljau, dazu Kartoffeln
und Karotten

FISKESUPPE
cremige Fischsuppe mit Lachs,
Muscheln und Gemüse

LAPSKAUS
Eintopf mit Rindfleisch, Roter Bete und
Kartoffeln

Desserts

TILSLØRTE BONDEPIKER
„verschleierte Bauernmädchen" – ein
Dessert aus gerösteten Brotkrumen,
Apfelmus und Schlagsahne

MOLTEKREM
Moltebeeren mit Schlagsahne verrührt

RØMMEGRØT
Brei aus Sauerrahm und Milch

Getränke

ØL
nach dem Reinheitsgebot gebrautes
norwegisches Bier. Die leichteren
Sommervarianten heißen *sommerøl*
oder *skjærgårdsøl*

VØRTERØL
alkoholfreies ungegärtes Getränk aus
Wasser, Malz und Hopfen

LINJE AKEVITT
aus Kartoffeln gebrannter Aquavit, der
zur Reife im Eichenfass zweimal per
Schiff den Äquator überquert. Als
Aperitif oder Digestif

riet.net | Bus 37 Hammersborggata | €€ | Karl Johan | ▢ J4

INTERNATIONAL

14 CURRY & KETCHUP 🐷

Langweiliger Name, aber variantenreich ist die indische Karte. Service und Atmosphäre sind manchmal etwas hektisch, was auch daran liegt, dass es immer Gäste gibt, die auf einen Platz warten. Tipp: Bestell dir Salat zum Hauptgericht – immer frisch! *Mo–Fr 14–22, Sa/So 12–22 Uhr | Kirkeveien 51 | Tel. 22 69 05 22 | curryandketchup.no | Straßenbahn 12 Frognerstadion | € | Majorstuen | ▢ F1*

15 HANAMI

Mitten im neuen In-Viertel Tjuvholmen findest du hier wohl eins der kreativsten japanischen Restaurants. Kellner und Küche fahren auf Hochtouren, wenn du dich einfach überraschen lassen möchtest. Du bestimmst zu Beginn, wie viel du maximal ausgeben möchtest, dann werden dir immer wieder die unglaublichsten Leckereien aufgetischt. Teller, um Teller, um Teller … *Mo–Mi 11–24, Do/Fr 11–2, Sa 13–2 Uhr | Kanalen 1 | Tel. 22 83 10 90 | hanami.no | Bus 21, 54 Tjuvholmen | €€€ | Tjuvholmen | ▢ G5*

INSIDER-TIPP

Was kommt wohl auf den Tisch?

16 ALEX SUSHI

Sushi und Norwegen – eine gelungenere Verbindung kann es kaum geben! Mit frischesten Zutaten und ausgewählten Fischen zaubern die Köche direkt vor den Augen der Gäste lecke-

Nicht nur die Olivia-Filiale auf Aker Brygge geht im Sommer als Klein Italien durch

re Kreationen, die sich manchmal nur noch entfernt an das japanische Original halten. Für Eilige und Sparer packt man nebenan im kleinen *Take Away (Mo–Do 11–21, Fr 11–22, Sa 15–22, So 15–21 Uhr)* die Leckereien zum Mitnehmen ein. *Mo–Sa 16–23 Uhr | Cort Adelers gate 2 | Tel. 22 43 99 99 | alex sushi.no | Straßenbahn 12, 13, 15 Solli plass | €€ | Frogner | ⊞ F4*

17 MONSUN NOODLEBAR

Zusammen mit seinem Schnellrestaurant *Street Corner* finden Asiafans hier Klassiker und neue Interpretationen, serviert in gemütlicher Grünerløkka-Atmosphäre, die ein bisschen Garküchencharme à la Skandinavien verbreitet. *Mo–Do 16–22, Fr 16–23, Sa 11–23, So 11–22 Uhr | Helgesens gate 14 | Tel. 46 77 00 40 | monsunrestau rant.no | Straßenbahn 17 Sofienberg | €–€€ | Grünerløkka | ⊞ K2*

18 OLIVIA ☂

Hier bemüht man sich, südliches Flair aufkommen zu lassen. Die Gäste machen bei der Mittelmeer-Illusion mit und harren auch bei frischen Temperaturen unter Heizstrahlern und Kuscheldecken so lange draußen aus, wie's geht. Die Pizza hat einen erfreulich italienisch-dünnen Boden, für Norwegen eher eine Ausnahme. *Mo–Mi 11–22, Do 11–23, Fr/Sa 11–23.30, So 12–22 Uhr | Hegdehaugsveien 34 | Tel. 21 52 52 69 | oliviarestauranter. no | Straßenbahn 11 Homansbyen | €€ | Homansbyen | ⊞ G2. Weitere Filialen: Bryggegangen 4 | Tjuvholmen | ⊞ G5, Stranden 3 | Aker Brygge | ⊞ G5*

19 LOFTHUS SAMVIRKELAG

Die beste Pizza der Stadt! Das muss an dieser Stelle einfach mal gesagt werden. Warum? Na, wer es schafft, das italienische Traditionsgericht mit Rentier, Steinpilzen oder norwegischem Räucherschinken entweder auf Tomatensauce oder Crème fraîche so lecker gekonnt abzuwandeln, der hat sich diese Auszeichnung wohl verdient. *Mo geschl. | Wergelandsveien 17, Kunstnernes Hus | Tel. 22 60 06 66 | lofthussamvirkelag.no | Straßenbahn 11, 17, 18 Holbergs plass | €€ | Homansbyen | ⊞ G3*

20 DØGNVILL BAR & BURGER

Selbst gemachte Hamburger zwischen Ökobrotscheiben, dazu frisches Gemüse und krosse Pommes. Das helle Barambiente erinnert an Industrielokale. *Tgl. | Vulkan 12 | Tel. 21 38 50 10 | dognvillburger.no | Bus 54 Møllerveien | € | Grünerløkka | ⊞ J2*

21 FREDDY FUEGO BURRITO BAR

Für Freunde der mexikanischen Küche: Burritos und selbst gemachte Salsa. Das Fleisch ist perfekt mariniert. Der Geheimtipp: *Freddys Revenge* mit gerösteten Habanero und Grapefruit. *Tgl. 11–21 Uhr | Hausmanns gate 31 a | freddyfue go.no | Straßenbahn 12 Hausmanns gate, Bus 34, 54 Jakob kirke | € | Hammersborg | ⊞ K3*

INSIDER-TIPP
Schön scharf und saftig!

22 DELICATESSEN

Tapas sind eine geniale Erfindung, wenn man nicht so recht weiß, wie groß der Hunger eigentlich ist. Reicht schon ein Schälchen gegrillter Ziegenkäse mit Roter Bete und Himbeervinaigrette oder darf's ein bisschen mehr sein? Etwa gegrillte Garnelen aus Argentinien mit Korianderdressing? Tipp: Mit Familie und Freunden lässt sich vieles probieren und teilen. *Tgl. | Vibes gate 8 | Tel. 22 46 72 00 | delicatessen.no | Straßenbahn 11, 19 Bogstadveien | €€ | Majorstuen | 🗺 G1. Weitere Filialen: Søndre gate 8 | Grünerløkka | 🗺 K3; Holmens gate 2 | Aker Brygge | 🗺 G5*

KLASSISCH & EDEL

23 STATHOLDERENS MAT & VINKJELLER

Bent Stiansen versteht es, Feste für den Gaumen zu arrangieren. Er hat seinen berühmten *Statholdergaarden (Mo–Sa 18–24 Uhr)* um ein Kellerrestaurant erweitert. In den Gewölben aus dem 17. Jh. werden kulinarische Welten zusammengeführt – ob Ente oder Dorsch, Hirsch oder Krustentiere: Norwegen trifft auf Asien, Frankreich auf Nordafrika, mach dich auf ein Erlebnis gefasst! *Di–Sa 17–22 Uhr | Rådhusgata 11 | Tel. 22 41 88 00 | statholdergaarden.no | Straßenbahn 12, 13, 19 Kongens gate | €€€ | Kvadraturen | 🗺 J5*

24 SMALHANS

Vom scheinbar einfachen Tagesgericht bis zum exklusiven Abendessen – in entspannter Atmosphäre werden Gourmetgerichte für jedermann serviert. Erstklassige Zutaten, professionelle und sorgsame Zuberei-

INSIDER-TIPP
Gourmetküche ohne Chichi

tung, fantasievolle Namen: *Smalhans* hat drei Gänge, *Krösus* mindestens fünf. *Tgl. | Ullevålsveien 43 | Tel. 22 69 60 00 | smalhans.no | Bus 21, 37 Sankt Hanshaugen | €€€ | Sankt Hanshaugen | 🗺 H2*

25 FEINSCHMECKER

Bürgerlich ist das Restaurant im Stadtteil Frogner, klassisch der Stil der Küche. Der Küchenchef – Silbermedaillengewinner beim internationalen Kochwettbewerb *Bocuse d'Or* – erreicht im Feinschmecker europäisches Spitzenniveau. Spezialität: Eismeersaibling. Hauptgerichte ab 45 Euro. *Di–Sa ab 18 Uhr | Balchens gate 5 | Tel. 22 12 93 80 | feinschmecker.no | Bus 30, 31 Frogner kirke | €€€ | Frogner | 🗺 E3*

26 PALACE GRILL ⭐

Oslos bester Tipp für alle, die das Ungezwungene lieben. Es gibt weder Speise- noch Weinkarte, sondern nur das Zehn-Gänge-Menü des Tages, das gern auf die Wünsche der Gäste zugeschnitten und aus besten Zutaten bereitet wird. 24 Sitzplätze, Vorbestellung ist – zumindest Do–So – absolut notwendig! *So und Mitte Juli–Mitte Aug. geschl. | Solligata 2 | Tel. 23 13 11 40 | palacegrill.no | Straßenbahn 12, 13, Bus 30, 31 Solli plass | €€€ | Frogner | 🗺 F4*

27 MARKVEIEN MAT & VINHUS

Lange bevor Grünerløkka in war, wurde hier schon französisch mit norwegischen Zutaten gekocht. In der dazugehörenden ☎ *Dr. Kneipp's Vinbar* genießt du die exklusiven Weine und

Reif für eine Kur? In Dr. Kneipp's Vinbar versteht man sich besonders auf Weinanwendungen

Teile des Hauptmenüs auch günstiger. *Di–Sa 16–0.30 Uhr | Torvbakkgata 12, Eingang Markveien | Tel. 22 37 22 97 | markveien.no | Straßenbahn 11, 12, 13 Schous plass | €€€ | Grünerløkka | ☐ K3*

28 EKEBERG RESTAURANTEN ⭐
Kontinentales Essen hoch über dem Oslofjord mit herrlicher Aussicht. Große Auswahl speziell auch auf der Lunchkarte. *Di–Sa 12–24, So bis 23 Uhr | Kongsveien 15 | Tel. 23 24 23 00 | ekebergrestauranten.com | Straßenbahn 18, 19 Sjømannsskolen | €€€ | Ekebergparken | ☐ K–L7*

NEU & NORDISCH

29 KOLONIHAGEN
Idyllisch versteckt in einem schnuckeligen Hinterhof im Herzen von Frogner liegt dieses kleine Juwel nachhaltiger Küche. Ob aus dem Wald, aus dem Meer oder vom Feld, Jørgen Ravneberg verwendet für seine Gerichte im Stil der neuen nordischen Küche ausschließlich Lebensmittel aus der Region. Im Sommer genießt man die gemütliche Atmosphäre draußen. *So, Mo geschl. | Frognerveien 33 | Tel. 99 31 68 10 | kolonihagen frogner.no | Straßenbahn 12 Eisenberg | €€ | Frogner | ☐ E3*

30 MAAEMO ⭐
Mit Blick aufs moderne Oslo ist der Abend im einzigem Restaurant der Stadt mit drei (!) Michelinsternen eine kulinarische Reise. Küchenchef Espen Holmboe Bang verwandelt nordische Biozutaten aus dem Meer, den Wäldern und Hochebenen in traumhafte 9- bis 10-Gänge-Menüs. Menü ohne Wein: ca.

Restaurant Strand:
kühles Ambiente, leckeres Essen

400 Euro. *Mo–Fr 18–24 Uhr | Dronning Eufemias gate 23 | Tel. 22 17 99 69 | maaemo.no | Straßenbahn 13, 19 Bjørvika | €€€ | Bjørvika | ⌖ K5*

🟥31 KONTRAST ⭐

Im nüchtern-nackten Ambiente lenkt nichts vom puren Gaumengenuss ab. Der Schwede Mikael Svensson serviert Menüs bis zehn Gänge mit meist skandinavischen Biozutaten. Der erste Michelinstern ist bereits erobert. 10-Gänge-Menü ohne Getränke 175 Euro. *Mi–Sa 18–24 Uhr | Maridalsveien 15 a | Tel. 21 60 01 01 | restaurant-kontrast.no | Bus 54 Maridalsveien | €€€ | Gamle Aker | ⌖ J2*

🟩32 ELIAS MAT & SÅNT

Von Miesmuscheln oder Rentiereintopf – hier bekommst du alles, was die Natur so zu bieten hat. *Di–Sa 11–23 Uhr | Kristian Augusts gate 14 | Tel. 22 20 22 21 | Straßenbahn 17, 18, 19 Tullinløkka | € | Karl Johan | ⌖ H3*

🟩33 KAFFISTOVA 🐾

Typisch norwegisches Essen gibt es in der Kaffistova des *Hotell Bondeheimen*, z. B. *raspeballer* (Klöße von der Westküste) und *boknafisk*, rauchgetrockneten Klippfisch. *Mo/Di 11–21, Mi–Sa 11–22, So 11–17 Uhr | Kristian IVs gate 2 | Tel. 23 21 41 00 | Straßenbahn 11, 17, 18 Stortorvet | € | Karl Johan | ⌖ H4*

🟩34 ASYLET 🐾

Das Haus (um 1730 gebaut) war u. a. ein Kinderheim, daher der Name. In dem recht dunklen historischen Lokal und im pittoresken Hinterhof wird Einfaches wie *smørebrød* (belegte Brötchen) und gebratener Lachs mit Bier gereicht. *Tgl. | Grønland 28 | Tel. 22 17 09 39 | asylet.no | T-Bahn 1–5 Grønland | € | Grønland | ⌖ L4*

🟩35 LORRY ⭐ 🏴

Journalisten, Politiker, Kulturpersönlichkeiten – wer etwas auf sich hält oder wissen möchte, worüber geredet wird, kommt hierher, bestellt ein gepflegtes Bier vom Fass (mehr als 100 Biersorten) und fühlt sich wie zu Hause. Das Interieur ist ein Mischung aus Großvaters Wohnzimmer und englischem Pub, ab 22 Uhr wird es hier richtig voll. *Tgl. | Parkveien 12 | Tel. 22 69 69 04 | lorry.no | Straßenbahn 17, 18 Holbergs plass | € | Homansbyen | 🗺 G3*

36 RESTAURANT SCHRØDER 🚩

Im Schrøder herrscht ungezwungene Kneipenatmosphäre mit rotweißen Tischtüchern. Das Stammlokal von Harry Hole, dem berühmten Polizeiinspektor aus den Jo-Nesbø-Krimis. *Flesk og duppe* ist nur eins der typisch norwegischen Gerichte auf der Karte. *Tgl. | Waldemar Thranes gate 8 | Tel. 22 60 51 83 | restaurant-schrøder.no | Bus 21, 37, 46 Sankt Hanshaugen | € | Sankt Hanshaugen | 🗺 H2*

37 ENGEBRET CAFÉ 🚩

INSIDER-TIPP
Wo Henrik und Edvard speisten

Seit 1857 lässt es sich hier vorzüglich essen. Das wussten schon Künstler wie Knut Hamsun, Henrik Ibsen oder Edvard Munch zu schätzen. Je nach Saison kommen Jakobsmuscheln, Krabben oder Wildragout auf den Teller. Und natürlich darf die Fischsuppe nicht fehlen. *Tgl. | Bankplassen 1 | Tel. 22 82 25 25 | engebret-cafe.no | Bus 30, 31, 32 Kvadraturen | Gamle Oslo | 🗺 H–J5*

38 DOVREHALLEN 🍴

Am günstigsten ist mit knapp 13 Euro das Tagesgericht am Montag, Frikadellen mit gedämpftem Kohl. Aber auch an anderen Tagen gibt's hier Hausgemachtes für wenig Geld. *Mo–Sa 11–22, So 12–22 Uhr | Storgata 22 | Straßenbahn 11, 12, 13, 17 Brugata | € | Karl Johan | 🗺 J4*

39 STRAND

Das perfekte Ausflugsziel: Die frisch belegten Brote oder Krabben zum Pulen lassen sich bei schönem Wetter mit maritimem Ausblick von der Fjordterrasse genießen. *Mo geschl. | Strandalléen 48 | Tel. 67 53 05 75 | strandrestaurant.no | Bus 151 ab Oslo S Strand | €€ | Holtet | 🗺 0*

40 NYDALEN BRYGGERI OG SPISERI

Mikrobrauerei und Restaurant in einem. Es gibt deftige Mittagsgerichte wie Hamburger, Kassler, Schweinerippchen u. a. Gebraut wird mitten im Restaurant, was zur rustikalen Atmosphäre passt. *Tgl. | Nydalsveien 30 a | Tel. 22 23 94 40 | nydalenbryggeri.no | Bus 37 Nydalsveien | €€ | Nydalen | 🗺 d3*

INSIDER-TIPP
Zwischen Braukesseln aufgetischt

Muss in Oslo sein: einmal Hering essen

SHOPPEN & STÖBERN

Was das Shoppen betrifft, hat man um Oslo lange Zeit einen Bogen gemacht. Eigentlich zu Unrecht: Zwar finden sich nicht überall Schnäppchen, doch viele Läden setzen auf die Sogwirkung skandinavischen Designs und punkten mit Außergewöhnlichem und Besonderem made in Norway.

Klar, bei der Souvenirjagd in Oslo kannst du auch tief in die Klischeekiste greifen: Norwegerpulli, Käsehobel, Wikingerschmuck oder samisches Kunsthandwerk – alles nicht immer günstig, aber als Mitbringsel zeitlos beliebt. Aber was viele nicht wissen: Auch in Sachen

Alle Adressen in diesem Kapitel findest du auf der Faltkarte ⬚

Schon klar, dass es in solchen Räumen keine Möbel von der Stange gibt, oder? DogA

Mode und Design lohnt es sich in Oslo mittlerweile, etwas intensiver in den Läden zu stöbern. Zugegeben: Der skandinavische Stil ist bei 25 Prozent Mehrwertsteuer selten billig, die Qualität aber oft top, das Design oft sehr angesagt. Und wer noch genauer hinschaut, findet bei zum Teil 70 Prozent Rabatt im Ausverkauf dann doch auch mal ein Schnäppchen.

WO OSLO SHOPPT

MAJORSTUEN

Ⓣ Majorstuen

ZWISCHEN SCHLOSS & MAJORSTUEN

Viele skandinavische Labels auf der längsten Shoppingmeile

Bogstadveien

Bogstadveien & Hegdehaugsveien ★ 📍

Frognerparken

Ring 2

Halvdan Svartes gate

Hegdehaugsveien

BRISKEBY

FROGNER

BYGDØY ALLÉ

Accessoires für Küche und Wohnen lassen Interieurfans jubeln

URANIENBORG

Slottsparken

Bygdøy allé

Det Kongelige Slott

Henrik Ibsens gate

GIMLE

RUSELØKKA

Ring 1

SKILLEBEKK

Munkedamsveien

E18

MARCO POLO HIGHLIGHTS

★ **DOGA NORSK DESIGN- OG ARKITEKTURSENTER**
Mehr Geschmackvolles als Nützliches, ein Genuss für die Sinne ➤ S. 78

★ **BOGSTADVEIEN & HEGDEHAUGSVEIEN**
Shoppingmeile mit großer Auswahl skandinavischer Designer ➤ S. 80

★ **MATHALLEN**
Ein Ort für kulinarische Ausflüge nach Norwegen und in die Welt ➤ S. 78

★ **HEIMEN HUSFLIDEN**
Vom Käsehobel bis hin zur kompletten Tracht – hier findest du norwegische Traditionsware aus allen Ecken des Landes ➤ S. 81

Pipervik

FILIPSTAD

AM WASSER

Im verwinkelten Einkaufszentrum und in den Vikaterrassen geben Modeläden den Ton an

E18

THERESES GATE

SANKTHANSHAUGEN

Colletts gate

St. Hanshaugen park

BISLETT

Ullevålsveien

RECHTS UND LINKS DER THORVALD MEYERS GATE
Kreative Boutiquen und günstiger Krempel aus aller Welt

DÆLENENGA

Toftes gate

Kuba park

Mathallen ★

GRÜNERLØKKA

AM YOUNGSTORGET
Stöbern auf dem Flohmarkt und in alternativen Läden

DOGA Norsk Design- og Arkitektursenter ★

FREDENSBORG

Hausmanns gate

Akersgata

Pilestredet

Fredensgate

MEYERLØKKA

Ring 1

HAUSMANNSKVARTALENE

Nationaltheatret

Stortinget

Heimen Husfliden ★

Nylandsveien

Grønland

VIKA

Operagata

Jernbanetorget

Oslo Sentralstasjon

Østre tangent

Ring 1

RUND UMS STORTINGET
Meilen machen in Malls und „Magasins"

KVADRATUREN

Dronning Eufemias gate

Langkaigata

Bjørvika

Ring 1

E18

SØRENGA

300 m
328 yd

DELIKATESSEN

1 MATHALLEN ★ ☂

Das ehemalige Industriegelände *Vulkan*, an der Akerselva zwischen Grünerløkka und Stadtmitte, hat sich zu einem trendigen Wohn-, Kultur- und Einkaufsviertel gewandelt. Herzstück sind die *Mathallen:* Von edlen Käsen *(Gutta på Haugen)* über eine gut bestückte Fischtheke *(Vulkanfisk)* bis hin zu verführerischen Cupcakes *(The Cupcakes & Pie Co. and Donut store)* – hungrig wirst du diesen Ort mit Sicherheit nicht verlassen. *Vulkan 5 | mathallenoslo.no | Bus 34, 54 Telthusbakken | Grünerløkka | ☐ J–K2*

INSIDER-TIPP
Vielfalt zum Durchfuttern

2 GEORG NILSEN FISK & VILT

„Fiske-Nilsen" ist Oslos Antwort auf Käpt'n Iglo. Große Auswahl an Fisch und Wild und vor allem ein unglaubliches Wissen erwarten dich hinter der Theke. Lust, ein portugiesisches Traditionsgericht mit norwegischer Originalzutat nachzukochen? Kauf dir *klippfisk,* den typisch getrockneten und gesalzenen Fisch der Lofoten – in Portugal *bacalhau* genannt – und verfeinere den Eintopf mit Kartoffeln, Zwiebeln, Tomaten und Paprika. Rezepte gibt's im Laden. *Bogstadveien 39 | georganilsen.no | Straßenbahn 11, 19 Bogstadveien | Majorstuen | ☐ F1*

INSIDER-TIPP
Tradition zum Nachkochen

3 VINMONOPOLET ⚑

Weine und Hochprozentiges gibt es ausschließlich in den staatlichen Monopolläden. Bei *Vinmonopolet* in Grünerløkka sind uniformierte Verkäufer zwar Geschichte, hier bekommst du aber kompetente und freundliche Beratung, auch wenn du nur eine Flasche *Linje Akevitt* kaufen willst. Die Filiale liegt übrigens in den ehemaligen Räumen von *Beckers,* früher eine der berühmtesten Kneipen der Stadt. *Nordre gate 16/Ecke Markveien | vinmonopolet.no | Straßenbahn 11, 12, 13 Olaf Ryes plass | Grünerløkka | ☐ K2–3*

WOHIN ZUERST?

Karl Johans gate *(☐ H–J4)***:** In Neben- und Querstraßen südlich und nördlich des Boulevards in der Stadtmitte liegen zwischen Dom und Schloss große, teils exklusive Kaufhäuser. Noch nobler kaufst du weiter westlich in Frogner rund um den Bogstadveien ein. Dort sind die Luxusboutiquen meist etwas teurer als in anderen Ländern. In Grønland hinter dem Hauptbahnhof geht es exotischer, bunter und günstiger zu, v. a. rund um Grønlands torg.

DESIGN, KUNST & INTERIEUR

4 DOGA NORSK DESIGN- OG ARKITEKTURSENTER ★ ☂

Innen wie außen sehr sehenswert: Ausstellungen und Verkauf in den restaurierten Gebäuden einer ehemali-

Mathallen: Hier wurde früher Eisen gegossen, heute gibt's Delikatessen

gen Transformatorenstation direkt am Fluss Akerselva. Ein Must für Stilisten auf der Suche nach preisgekröntem und anderem norwegischen Design, Architekturbüchern u. a. *Hausmanns gate 16 | doga.no | Bus 34, 54 Jakob kirke | Toyen | ◫ K3*

5 KUNSTNERFORBUNDET ☂
Von außen ein Hingucker und drinnen ein kleines Raumwunder: Die 150 norwegischen Gegenwartskünstler, die in dem Künstlerverband organisiert sind, stellen hier regelmäßig ihre Werke aus. Super:

INSIDER-TIPP
Kreativ-Talk
Die Galerie liegt zentral hinter dem Rathaus und nicht selten sind die gerade ausstellenden Künstler auch selbst anwesend und haben Lust auf einen Fachplausch. *Kjeld Stubs gate 3 |*

kunstnerforbundet.no | Straßenbahn 12 Rådhusplassen | Karl Johan | ◫ H4

6 NORWAY DESIGNS
Mode, Glas- und Keramikkunst, Schmuck und Papier – wer die Stufen hinabsteigt, den erwartet ein Querschnitt von in Norwegen produzierter Handwerkskunst. Verschaff dir einen Überblick über die Waren von Fredrikstad bis Kirkenes. *Lille Grensen 7 | norwaydesigns.no | T-Bahn 1–5 Stortinget | Karl Johan | ◫ H4*

7 BACKE I GRENSEN
Das Traditionshaus weiß schon seit 1889, welches trendige Teil seine Kundinnen und Kunden gerne auf den Tisch und in die Regale stellen und womit jede Küche einen Hauch skandinavischer wird. *Akersgata 45 | backe*

igrensen.no | T-Bahn 1–5 Stortinget | Karl Johan | 🗺 H–J4

8 BRUDD

Brudd besteht seit Mitte der 80er-Jahre und ist eine Art Kooperative von 20 Künstlern, die kunstvolle Keramik, Glas, Schmuck und anderes Kunsthandwerk von hoher Qualität anbieten. *Markveien 42a | brudd.info | Straßenbahn 11, 12, 13 Schous plass | Grünerløkka | 🗺 K2*

EINKAUFSSTRASSEN & KAUFHÄUSER

9 BOGSTADVEIEN & HEGDEHAUGSVEIEN ⭐

Neben Karl Johan die eigentliche Shoppingmeile der Stadt. Zwischen Schlosspark und Majorstuen tummeln sich vor allem nordische Marken. Hier findest du Damenmode von *Noa Noa (Bogstadveien 21)* aus Dänemark, *Acne Studios (Øvre Slottsgate 11)* und *Filippa K (Hegdehaugsveien 23)* aus Schweden oder Handschuhe vom norwegischen Label *Hestra (Bogstadveien 19).* Wer Wohnaccessoires liebt, sollte unbedingt einen Abstecher zu *Christiania Glasmagasin (Hegdehaugsveien 34 | cg.no)* machen: Hier findest du Porzellan, Kristall, Glas – und vieles mehr aus der berühmten Glasbläserei Hadeland. Auf der Suche nach typisch Norwegischem lohnt sich außerdem ein Blick in die Seitenstraßen: Bei ⚑ *Pur Norsk (Industrigata 36)* kann man auch einfach nur mal durch das coole norwegische Design stöbern – vom Teppich mit Rehspuren bis zum Garderobenhaken im Elchmotiv aus der eigenen Werkstatt. Übrigens:

INSIDER-TIPP
Komm doch mal vom Weg ab!

Echte Alternative im teuren Oslo: feine Glitzerware, Schuhe und Taschen vom Flohmarkt

Schnäppchenjäger sollten die Markttage im Frühjahr und Herbst nicht verpassen. *bogstadveien.no | Straßenbahn 19 Rosenborg | Frogner | ⌨ F–G 1–2*

🔟 EGER

Einkaufszentrum im edlen Stil mit Geschäften für Kleider, Accessoires und Schmuck im oberen Preissegment. Die norwegische Spitzenlangläuferin Therese Johaug ist Haus-Model. *Karl Johans gate 23 | egeroslo.no | T-Bahn 1–5 Stortinget | Karl Johan | ⌨ H4*

1️⃣1️⃣ PALEET

Unter einer spektakulären Lichtkuppel sammeln sich rund 35 Läden, unter anderem auch das norwegische Modelabel *Norwegian Rain*, das stylishe Regenmäntel aus Bergen präsentiert. *Karl Johans gate 37 | paleet.no | T-Bahn 1–5 Stortinget | Karl Johan | ⌨ H4*

1️⃣2️⃣ STEEN & STRØM MAGASIN ☂

Oslos berühmtestes Einkaufszentrum versorgt die norwegische Hauptstadt seit 1797 mit kontinentalen Waren. In dem renovierten Zentrum sitzen Geschäfte für Damenmode, Sportartikel, Parfüm und Lebensmittel. Auswahl und Preise halten deutlich gehobenes Niveau. *Kongens gate 23 | steenogstromoslo.no | Bus 74 Kongens gate | Karl Johan | ⌨ J4*

1️⃣3️⃣ GLASMAGASINET ☂

Ursprünglich ein Traditionskaufhaus im Jugendstil, verteilt sich heute auf mehreren Etagen das dänische Interieurkaufhaus Illums. Bei ⭐ *Heimen Husfliden (heimenhusfliden.no)* findest du Traditionelles und Modernes aus Wolle und Stoff, von der norwegischen Tracht *(bunad)* bis hin zur kuscheligen Wolldecke von Røros Tweed. Hier gibt es auch Norwegerpullis verschiedener Marken, die *lusekofte*, eine norwegische Jacke mit Tupfen, oder das *busserull*-Männerhemd im Michel-aus-Lönneberga-Stil. *Stortorvet 9 | glasmagasinet.no | Straßenbahn 11–19 Stortorvet | Karl Johan | ⌨ J4*

> **INSIDER-TIPP**
> **Norwegerstrick für die Ewigkeit**

FLOHMÄRKTE & MÄRKTE

Dank des instabilen Osloer Wetters finden Flohmärkte meistens in örtlichen Schulen statt. So bleiben alle trocken und haben ausreichend Platz für Dinge, die die Osloer so im Keller oder auf dem Speicher finden. Termine auf *loppemarkeder.com*

1️⃣4️⃣ FLOHMARKT VESTKANTTORVET

Eine Institution seit 40 Jahren: Jeden Samstag von 9 bis 14 Uhr streifen Antikbegeisterte, Alternative und Schnäppchenjäger über diesen Flohmarkt im Herzen Frogners und stöbern zwischen gebrauchten Kleidern, Geschirr und Schallplatten – Kunst und Krempel mit typisch Osloer Touch. *Vestkanttorvet | Facebook: Vestkanttorvet | Straßenbahn 12, 15 Frogner stadion | Frogner | ⌨ F2*

1️⃣5️⃣ BONDENS MARKED

Von der Edelmeile zur Dorfstraße: An jedem 1. Samstag im Monat gehört der mondäne Bogstadveien den Bauern. Dann findet nämlich der traditionelle Bauernmarkt statt und Erzeuger aus dem ganzen Land bieten ihre Waren an, von Blütenhonig aus Eidsvoll bis zum Ziegenkäse aus Buskerud. Für deinen Besuch startest du am besten am Vinkelplassen am Bahnhof Majorstuen. Aktuelle Markttage auf *bondens marked.no/markedsdager* | *T-Bahn 1–5 Majorstuen* | *Majorstuen* | *□ F1*

16 MARKT YOUNGSTORGET

Hier stellen täglich bis zu 30 Marktverkäufer ihre Stände auf. Von günstigen norwegischen CDs über heimischen Honig bis zu Militärartikeln wird alles angeboten – oft zu günstigen Preisen. *Youngstorget* | *Straßenbahn 11, 12, 13, 17 Brugata* | *Hammersborg* | *□ J4*

MODE

17 DALE OF NORWAY 🚩

Seit 1879 produziert die Marke Traditionspullis im klassischen Stil. Mit den nicht ganz billigen Norwegerpullis kaufst du dir ein ursprüngliches Stück Norwegen, an dem du lange deine Freude haben wirst. Norweger selbst nutzen das Kleidungsstil gerne statt einer Jacke. Propier's aus: Die dicke Schafwolle schützt dich bei Wind und Wetter. *Karl Johans gate 45* | *T-Bahn 1–5 Stortinget* | *Karl Johan* | *□ H4*

18 TULIP & TATAMO

Du magst verrückte weibliche Mode? Dann sind diese urban-ausgefallenen Kreationen deine. Schnitte, Muster und Farben könnten auch in einem Berliner Hinterhof entstanden sein. Sind sie aber nicht, die beiden Osloer Designerinnen Line Hvalbye Grønli und Katarina Grasmo entwerfen und schneidern ihre Mode direkt nebenan. Wegen der geringen Stückzahlen sind die Kleider fast schon Unikate. *Pilestredet 41 a* | *tulipogtatamo.no* | *Straßenbahn 11, 17, 18 Frydenlund* | *Homansbyen* | *□ H3*

19 LUCK OSLO

INSIDER-TIPP

Botanisches Einkaufserlebnis

Ein Hauch von Dschungel mitten in Oslo? Fast: Zwischen unzähligen Topfpflanzen gibt's in diesem Concept Store auch modische Klamotten und zeitloses Design fürs Zuhause. Da bekommt der Begriff „auf Safari gehen" eine ganz neue Bedeutung. Unbedingt vorbeischauen, auch wenn du nichts kaufen möchtest. *Grüners gate 9* | *luck oslo.com* | *Straßenbahn 11, 12, 18 Olav Ryes Plass* | *Grünerløkka* | *□ K2*

20 MOODS

Aus dem ehemaligen Kultlabel *Moods of Norway* wurde nach Insolvenz diese auf Herrenmode reduzierte Marke. Ein paar Mitstreiter der ersten Stunde glauben fest an den Spaß in der Mode und an ihr Glück im neuen Laden. *Grensen 13* | *moods.no* | *Straßenbahn 11–19 Stortorvet* | *Karl Johan* | *□ J4*

21 SWIMS

Du suchst Kult? Dann kommst du an den Schuh-Überziehern von Swims nicht vorbei. Die Marke aus Bergen hat sich mit dem farbigen Regenschutz für Edeltreter einen Namen gemacht. Mittlerweile ist das Sortiment auch um Regenschirme, Taschen, Jacken u. a. erweitert. *Prinsens gate 25* |

swims.com | *Straßenbahn 12, 13, 15, 19 Øvre Slottsgate* | *Karl Johan* | 🕮 *H4*

Straßenbahn 13, 19, T-Bahn 1–5 Nationaltheatret | *Karl Johan* | 🕮 *H4*

22 FRETEX

In der Gebrauchtladenkette der Heilsarmee gibt es vom Sportartikel bis zum Abendkleid nahezu alles, mit etwas Glück ergatterst du sogar einen echten Norwegerpulli. Die Einnahmen helfen Drogenabhängigen. *Olaf Ryes plass 3* | *fretex.no* | *Straßenbahn 12 Olaf Ryes plass* | *Grünerløkka* | 🕮 *K2*

24 NORRØNA

Die Outdoorkleidung dieses norwegischen Labels besticht durch ziemlich knallige Farben und verrückte Muster. Damit bist du auf jeder Piste und jeder Fjelltour garantiert der absolute Hingucker. *Akersgate 30* | *norrona.com* | *T-Bahn 1–5 Stortinget* | *Karl Johan* | 🕮 *J4*

Weltweites Synonym für Wasserfestes: Helly Hansen, einst norwegischer Ölzeugpionier

OUTDOOR

23 SPORTSNETT

Outdoor ist ein Teil der norwegischen Identität. Will man zum Nordpol gehen oder auch nur eine längere Wanderung planen – hier gibt's die komplette Ausrüstung dazu. *Olav V's gate 6* | *sportsnett.no* | *Bus 30, 70* |

25 HELLY HANSEN

Die Norweger haben sich in Sachen Segelbekleidung einen weltweit geschätzten Namen gemacht. Im Flagshipstore erwartet dich die ganze Bandbreite der Marke. *Karl Johans gate 3* | *hellyhansen.com* | *Straßenbahn 12–19 Nationaltheatret* | *Karl Johan* | 🕮 *J4*

AUSGEHEN & FEIERN

Rock oder Hip-Hop, Jazz oder Klassik – wer Oslos Nachtleben erkunden will, sollte sich einfach von seinem Musikgeschmack treiben lassen. Für die rund 3000 Konzerte und Liveacts pro Jahr stehen gefühlt ebenso viele Bühnen bereit. Kein Wunder, dass das musikverliebte Land schon so viele Weltstars hervorgebracht hat: Oslo schnappt Trends auf und schafft ständig neue.

Sobald es die Temperaturen erlauben, zieht es nicht nur Musiker auf die Festivals ins Freie, die Osloer sind dann, vor allem am Wochen-

Sommernachtsstützpunkt Aker Brygge: Wo sich die Feierlaune in den Fjord hinaus streckt

ende, kaum noch in ihren vier Wänden zu halten. Da wird flaniert, am Ufer geklönt und in den Parks gegrillt, was das Zeug hält. Weil aber Alkoholkonsum im Freien verboten ist, bleiben auch die vielen Bars und Clubs sommers wie winters gut besucht. Altersgrenze ist – angepasst an die Freigabe von Spirituosen – vielerorts 23 Jahre. Ob stylisher Hotspot oder gemütliche Bar im Wohnzimmerstil, ob Cocktailkreation oder Craft Beer – hier findet jeder sein passendes Plätzchen zum Feiern. Und denk dran: 3.30 Uhr ist Schluss, und spätestens dann stehst du in der Schlange fürs Taxi an.

WO OSLO AUSGEHT

BISLETT

HOMANSBYEN

Pilestredet

📍 **Litteraturhuset** ⭐

URANIENBORG

Wergelandsveien

Slottsparken

AM SCHLOSS

Im königlichen Schatten feiert es sich gut und ausgelassen

Det Kongelige Slott

St. Olavs gate

Frederiksgate

Slottsplassen

Henrik Ibsens gate

Ring 1

Ⓣ Nationaltheatret

RUSELØKKA

Munkedamsveien

VIKA

E18

Kontraskjæret

AKER BRYGGE

Pipervika

MARCO POLO HIGHLIGHTS

⭐ **DEN NORSKE OPERA OG NASJONALBALLETT**
Oslos Jahrtausendbauwerk bietet feinste Kultur für jedermann ➤ S. 88

⭐ **OSLO MEKANISKE VERKSTED**
Die Kneipe im Backsteingemäuer ist pure Industriegeschichte. Der Ort für zwangslose Gespräche ➤ S. 90

⭐ **LITTERATURHUSET**
Das Haus der Literatur ist eine schöne Adresse für entspanntes oder hochgeistiges Beieinandersein mit Kaffee und Salat ➤ S. 88

⭐ **BLÅ**
Warten zahlt sich aus: Liveacts für Kenner im Musiklokal von Weltruf ➤ S. 93

ZWISCHEN AKERSELVA & SOFIENPARK

Vor allem junges Publikum zieht es hierher, sobald es dunkel wird (oder auch nicht)

Kuba park

Olaf Ryes plass

Toftes gate

GRÜNERLØKKA

Ullevålsveien

Maridalsveien

Herslebs gate

Blå ★

FREDENSBORG

HAMMERSBORG

SÜDWESTLICH DER HAUSMANNS GATE

Bekannte Clubs und Bühnen bestimmen hier den Rhythmus der Nacht

Hausmanns gate

Løkke gata

HAUSMANNSKVARTALENE

Ring 1

Nylandsveien

Ⓣ Stortinget

Ⓣ Grønland

VATERLAND

Jernbanetorget Ⓣ

Oslo Mekaniske Verksted ★ ⍟

Oslo Sentralstasjon

KVADRATUREN

Østre tangent

Ring 1

Operagata

Dronning Eufemias gate

Grev Wedels Plass

Langkaigata

⍟ Den Norske Opera og Nasjonalballett ★

BARCODE

Die Oper als kultureller Leuchtturm zieht immer mehr Inplaces an

Bjørvika

E18

200 m
218 yd

BALLETT/KONZERT/ THEATER/LITERATUR

1 DANSENS HUS

Der moderne Tanz residiert in ehemaligen Werkstätten im Stadtteil Grünerløkka. Die Vorstellungen großartiger nationaler und internationaler Tanzensembles halten ein stets hohes Niveau. *Kartentel. 23 70 94 25 Di–Fr 13–15 Uhr oder vor Ort 1 Std. vor Vorstellungsbeginn | Vulkan 1 | dansenshus.com | Bus 54 Møllerveien, Straßenbahn 11, 12, 13 Schous plass | Grünerløkka | ▢ K2*

INSIDER-TIPP
Die Besten erleben

2 KONSERTHUSET

Im Stammhaus der klassischen Musik sind die Osloer Philharmoniker zu Hause. Neben ihren eigenen Auftritten präsentieren sie regelmäßig weltberühmte, aber auch norwegische Gäste wie etwa den Pianisten Leif Ove Andsnes oder den Trompeter Ole Edvard Antonsen auf ihrer Konzertbühne. *Kartentel. 23 11 31 10 Mo–Sa 11–14 Uhr und 2 Std. vor Vorstellungsbeginn | Mo–Fr 11–17, Sa 11–14 Uhr | Munkedamsveien 14 | oslokonserthus.no | Straßenbahn 12 Aker Brygge oder 13, 19 Nationaltheatret | Vika | ▢ G4*

3 DEN NORSKE OPERA OG NASJONALBALLETT ★

Eben noch mitten im Osloer Straßengewirr, plötzlich weißer, bis in den Fjord gleitender Marmor – was für ein Anblick! Im monumentalen Osloer Opernhaus mit zwei Bühnen sind die Staatsoper und das Nationalballett zu Hause. Die Akustik hier soll zu den besten weltweit gehören. Die Ticketpreise variieren, die Karten kosten zwischen 150 und 1600 Kronen. Wer nicht so viel Geld hat, sollte die Augen offen halten: In und um die Oper herum finden – vor allem im Sommer – ständig ✿ Matineen und Konzerte (freier Eintritt) statt. *Kartentel. 21 42 21 21 | Ticketschalter in der Eingangshalle Mo–Sa 11–16, So 12–16 Uhr | Kirsten Flagstads plass 1 | operaen.no | alle T-Bahnen Oslo S | Bjørvika | ▢ J–K5*

4 LITTERATURHUSET ★ ☂

Oslos Haus der Literatur residiert in der ehemaligen Lehrerhochschule am Schlosspark und bietet Lesungen und Diskussionen auch mit internationalen Autorinnen auf Englisch. Schau unbedingt ins *Kafe Oslo* rein.

WOHIN ZUERST?

Aker Brygge (▢ G5) und **Youngstorget** (▢ J4): Der Platz Youngstorget oberhalb vom Dom und nördlich von Karl Johan ist Herz und Zentrale der norwegischen Arbeiterbewegung und -partei. Um den Platz herum wimmelt es von Kneipen und Bars, die lieber gemütlich oder gar schmuddelig als elegant daherkommen. Auch gute Clubs liegen in der Umgebung. Wer gern sein Bier mit Blick aufs Wasser trinkt, ist gerade im Mittsommernachtslicht auf der Amüsiermeile Aker Brygge direkt am Oslofjord gut aufgehoben.

Bar Boca: Kühle Mixgetränke im retro Ambiente schlürfen

Hier gibt es eine sehr gute Karte mit gesundem Essen, leckeren Getränken und viele nette Leute. *Wergelandsveien 29 | litteraturhuset.no | Straßenbahn 17, 18 Holbergs plass | Karl Johan | ⧉ G3*

BARS

5 BAR BOCA

Die im Retrolook gestaltete Bar Boca ist sehr klein, hat aber für die Raucher auch ein paar Stühle auf dem Bürgersteig stehen. In der Bloody Mary ist ein ganzer Salat, der Mojito gilt als der beste der Stadt. *Thorvald Meyers gate 30 | Straßenbahn 11, 12, 13 Olaf Ryes plass | Grünerløkka | ⧉ K2*

INSIDER-TIPP
1a Cocktails, auch mit Vitaminen

6 BIBLIOTEKBAREN 🍸

In der klassischen, dunklen Hotelbar gibt es, wie es sich gehört, Kronleuchter und tiefe Chesterfield-Sessel. Hier treffen sich Oslos Finanz- und Kulturelite zum kühlen Bier und leisen Plausch. Im Hintergrund spielt ein ewig junger Pianist. *Kristian IV's gate 7 | Straßenbahn 11, 17, 18 Stortorvet | Karl Johan | ⧉ H4*

7 AKU-AKU TIKI BAR

Kaltes Wetter ist in diesem Laden schnell vergessen: Die Einrichtung mit einem Orginalkanu, das von der Decke hängt, versetzt dich sofort an die hawaiianische Küste. Und die leckeren Cocktails und Hulatänzerinnen, die hier immer mal wieder eine Showeinlage bieten, tun ihr

INSIDER-TIPP
Hula statt Schirmchen

Im Dattera till Hagen gibt's unten Essen, oben Musik. Welche Hagens Tochter ist? Wer weiß!

Übriges dazu. *Thorvald Meyers gate 32 | Straßenbahn 11, 12, 13 Olav Ryes plass | Grünerløkka | ▯ K2*

8 FUGLEN

Trendiges Café und gemütliche Bar zugleich. Wenn dir der 60er-Jahre-Sessel im norwegischen Design bequem erscheint, dann nimm ihn doch gleich mit: Alles, was du über den Rand der wirklich leckeren und kreativen Cocktails erblickst, kannst du auch kaufen. Da bekommt deine Feierlaune gleich eine ganz neue Dimension. *Universitetsgata 2 | Bus 33 St. Olavs plass | Karl Johan | ▯ H3*

9 LEKTER'N

Hier ist man zwar nie allein, aber bei gutem Wetter gibt's kaum etwas Schöneres, als den Bummel über Aker Brygge mit einem Gin Tonic auf dem Barboot ausklingen zu lassen. Der Sonnenuntergang hier, direkt am Wasser, ist spektakulär. *Stranden 3 | lektern.no | Akker Brygge | ▯ G5*

10 JUSTISEN ⚑

Früher wurden in diesem Haus Särge genagelt, jetzt treffen sich in den verwinkelten Räumen im 1. Stock Anwälte, Beamte und Politiker. Im Innenhof gibt es für Hungrige noch ein Gartenrestaurant. *Møllergata 15 | Tel. 22 42 24 72 | justisen.no | Straßenbahn 11, 17, 18 Stortorvet | Karl Johan | ▯ J4*

11 OSLO MEKANISKE VERKSTED ⭐

Niemand hat versucht, die Spuren der einstigen Schlosserwerkstatt zu beseitigen. In dem charmanten Back-steinbau zwischen Bahnhof und Grønland trifft sich die Kulturbohème zum Abhängen, es gibt nur Drinks und Erdnüsse, dafür aber immer eine ruhige Ecke für ein entspanntes Gespräch. *Tøyenbekken 34 | oslomeka niskeverksted.no | Straßenbahn 18, 19 Bussterminalen Grønland | Toyen | ⌷ K4*

🔢12 EIGHT ROOFTOP BAR

Mit weitem Blick über Karl Johan bis zum Rathaus lassen sich die Sundowner genießen. Dafür muss nicht immer schönes Wetter sein. Die Dachterrasse des Nobelhotels Grand bietet neben einem offenen Bereich auch einen Barbereich mit einer einladenden Fensterfront. *Karl Johans gate 27 | T-Bahn 1–5 Stortinget | Karl Johan | ⌷ H4*

CLUBS

🔢13 LAWO

Ab 22 Uhr geht's hier erst richtig los. Direkt neben dem Hard Rock Café lässt sich im Lawo vor allem junges Publikum ordentlich in Stimmung bringen. Wenn du nach einem Ort suchst, an dem du deine Energie auf der Tanzfläche auszupowern kannst, dann nix wie hin. Donnerstags ist der Einlass oft gratis, an Wochenenden kostet der Eintritt schon mal bis zu 150 NOK. *Universitetsgata 26 | T-Bahn 1–5 Stortinget | Karl Johan | ⌷ H4*

🔢14 SKAUGUM

Anders als im Lawo trifft man hier schon eher die Generation 30 plus. Im Vorderhaus liegt das Event-Restaurant *Palace Grill,* im Hinterhof erstreckt sich der Club über drei Etagen, mit DJs und Livekonzerten. Einer der populärsten Clubs der ganzen Stadt! *Solligata 2 | Straßenbahn 12, 13, 15 Solli plass | Frogner | ⌷ F4*

🔢15 CAFÉ SØR

Am Tag ein Café (mit leckeren Sandwichs!), zum Feierabend Cocktailbar und schließlich Tanzladen. Die DJs legen je nach Wochentag in alle Richtungen auf, hier geht's ganz locker zu, und trotzdem läuft irgendwann der Schweiß. *Torggata 11 | cafesor.no | Straßenbahn 11, 12, 13, 17 Brugata | Karl Johan | ⌷ J4*

🔢16 DATTERA TIL HAGEN

Der Laden mit dem Namen „Hagens Tochter" beansprucht gleich zwei Etagen, die doppeltes Abendvergnügen bescheren: Unten bekommst du Burger, Pasta, Sandwichs und Tapas serviert, oben gehen Konzerte und andere Liveevents über die Bühne. Ein gemütlicher und lebendiger Club in Grønland. *Grønland 10 | dattera.no | T-Bahn 1–5 Grønland | Grønland | ⌷ K4*

🔢17 HERR NILSEN 🏳

Dieser Jazzclub ist aus der Osloer Musikerszene einfach nicht wegzudenken. Nahezu täglich stehen hier Künstler auf der Bühne. Ein spontaner Abstecher lohnt sich immer. Die Jamsession am Sonntag ist gratis. *C. J. Hambros plass 5 | herrnilsen.no | Straßenbahn 11, 17, 18 Tinghuset | Karl Johan | ⌷ H4*

18 INTERNASJONALEN ⚑

Am „roten Platz" von Oslo, wo die Sozialdemokraten und der Gewerkschaftsbund residieren, kann ein Musikclub nur „Internationale" heißen. Allerdings steht dort nicht Gleichklang, sondern Rock im Mittelpunkt. Draußen gibt es Bier bis 3 Uhr. Dienstags ist hier wie in vielen Osloer Cafés und Kneipen Quiztag.

INSIDER-TIPP
Teste dein Pop-Wissen!

Und beim Oslo-Pop-Quiz an jedem 1. Dienstag im Monat können auch Fünferteams gewinnen, die des Norwegischen nicht so mächtig sind. *Youngstorget 2 | internasjonalen.no | Straßenbahn 11, 12, 13, 17 Brugata | Hammersborg | ▥ J4*

19 JÆGER

Mitten in der Stadt liegt dieser angesagte Club, der neben DJ an allen Abenden auch ab und an Konzerte und After-Show-Partys bietet. *Grensen 9 | jaegeroslo.no | Straßenbahn 17, 18 Stortorvet | Karl Johan | ▥ J4*

20 THE VILLA

Der Osloer Spot für Clubmusik. Norwegische und internationale DJs sorgen für harte Rhythmen bis in die Morgenstunden. *Møllergata 23 | the villa.no | Straßenbahn 17, 18 Stortovet | Hammersborg | ▥ J4*

KINO

Die meisten Kinofilme laufen im Original mit norwegischen Untertiteln. Das Kinoprogramm findest du auf *nfkino.no/oslo,* die Tickets *(155 NOK)* gibt es dort auch.

21 CINEMATEKET

Schmale, alte, alternative und norwegische Filme laufen in der gerade renovierten Cinemateket, dem Filmclub des norwegischen Filminstituts. Integriert sind das Filmmuseum (Eintritt gratis, mit englischem Führer) und ein Geschäft für norwegische Filme. *Dronningens gate 16 | cinemateket.no | Straßenbahn 12, 13, 19 Kongens gate | Karl Johan | ▥ J5*

LIVEMUSIK

22 BETONG

Konzertbühne im Haus der Studentenvereinigung, im Stil der 1970er-Jahre mit großem Betonturm versehen. Drinnen ist die Bühne intim. *Betong* ist mittlerweile eine der wichtigsten Konzertbühnen Oslos. *Slemdalsveien 15 | betongoslo.no | T-Bahn 1–5 Majorstuen | Majorstuen | ▥ 0*

23 BLÅ ⭐

An einem Abend Tanzmusik, am nächsten etwas Avantgardistisches – einfach mal ausprobieren! Jazz und anderes wird in diesem Club, von der BBC zu einer der besten Musikbühnen Europas gewählt, geboten. Lange Warteschlangen sind daher keine Seltenheit. *Brenneriveien 9c | blaaoslo. no | Bus 34, 54 Møllerveien | Grünerløkka | 🗺 K3*

INSIDER-TIPP
Simply the best!

24 ROCKEFELLER 🚩

Zwei große Bühnen und ein Pub sorgen für eine geballte Ladung Musik im Rockefeller. Die Musikbühne und der *John Dee Club* sind im ehemaligen Torggata-Schwimmbad zu Hause. *Torggata 16 | rockefeller.no | Bus 30, 34, 54, Straßenbahn 11, 12, 13, 17 Brugata | Hammersborg | 🗺 J3*

25 JOHN DEE

John Dee ist „der kleine Bruder" in der Kelleretage der großen Osloer Konzertbühne Rockefeller. Von Pop bis Heavy Metal wird hier einiges geboten; es spielen viele norwegische Bands, seltener internationale Namen, dafür ist es aber immer laut und schön übersichtlich (max. 400 Pers.). *Torggata 16 | rockefeller.no | Straßenbahn 11, 12, 13, 17, Bus 30, 34, 54 Brugata | Hammersborg | 🗺 J4*

26 PARKTEATRET

Jazz, Rock, Blues und ein Dokumentarkino: All das bietet das Parkteatret. Ursprünglich als Kino gebaut, trifft sich vor dem Gebäude heute die Szene von Grünerløkka. *Olaf Ryes plass 11 | parkteatret.no | Straßenbahn 11, 12, 13 Olaf Ryes plass | Grünerløkka | 🗺 K2*

Blå – der Club, in den jeder will. Und nach den Gigs ist draußen Raum für reichlich Blabla

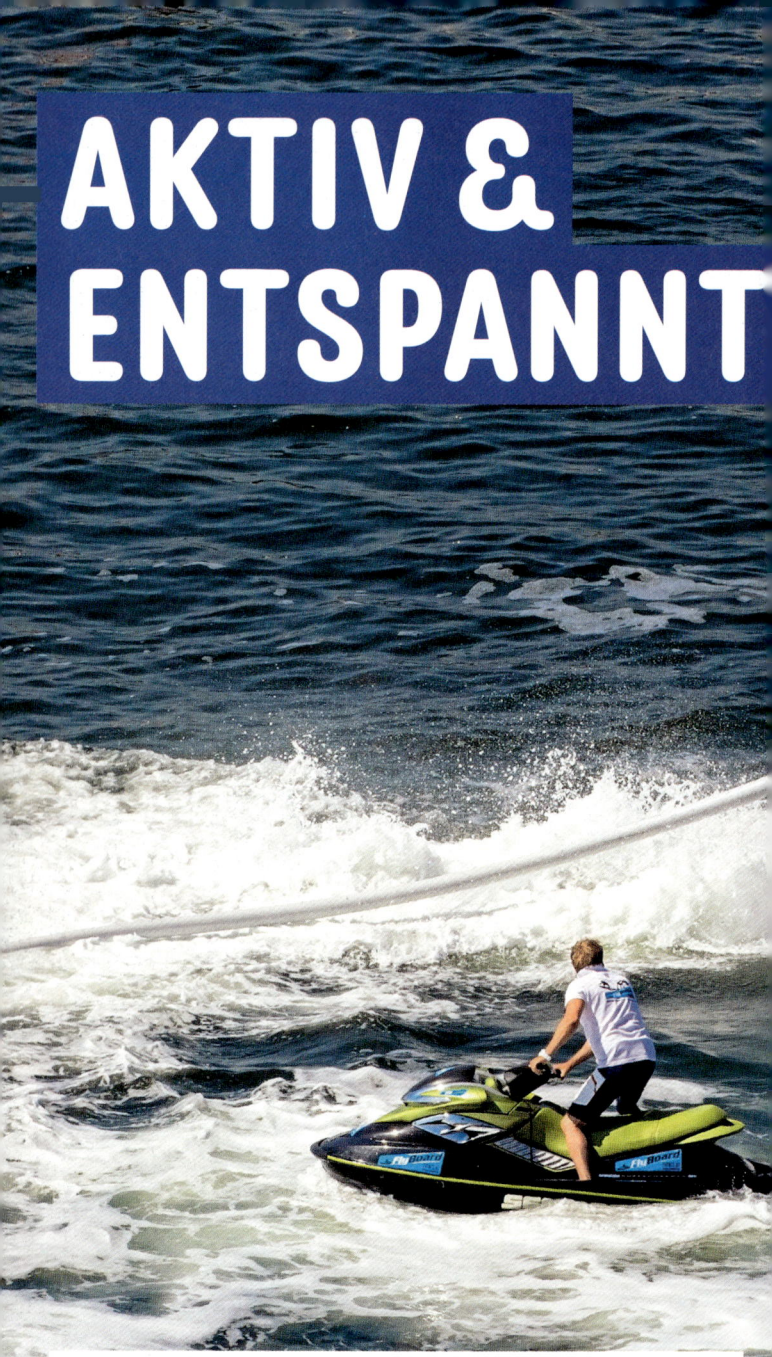

AKTIV & ENTSPANNT

Am Fjord in Sichtweite der City ist Platz für Wassersport – z. B. für Flyboarding

SPORT, SPASS & WELLNESS

BADEN

⚑ Hukodden (Bus 30 z. B. ab National-
theatret nach Huk | ▥ B8) auf Bygdøy
ist Oslos bekanntester Badestrand.
Das Stadtbad ☆ Sørenga Sjøbad
(ganzjährig, Eintritt frei) östlich der
Oper zählt zu den angesagten Bade-
plätzen, wo man vom riesigen Holz-
plankensteg aus in den Meerwasser-
pool oder den frischen Fjord springen
kann.

BOULDERN & KLETTERN

Der Kletterpark im Sommerpark Tryvann
(stark variierende Öffnungszeiten | 395
NOK, im Voraus online buchen | Try-
vannsveien 64 | skimore.no | T-Bahn 1
Voksenkollen, dort mit Bus weiter | ▥ 0)
hat für Schwindelfreie 220 Elemente in
bis zu 20 m Höhe. Wer bouldern bevor-
zugt, kann in Norwegens größter Klet-
terhalle Klatreverket (Mo–Do 7–23, Fr
7–21, Sa/So 9–20 Uhr | vor 16 Uhr 100,
danach 125 NOK | Sandakerveien 24C |

Straßenbahn 11, 12, 13, Bus 20 Tors-
hov | klareverket.no | ▥ 0) bis zu 14 m
hoch aufsteigen.

EISKUNSTLAUFEN

Die Eislaufbahn im Frognerpark (Nov.–
April, stark variierende Öffnungszei-
ten | 40 NOK | Middelthunsgate 28 |
frognerstadion | Bus 20, Straßenbahn
12 Frogner stadion | ▥ E1) steht allen
zur Verfügung, wenn die Eishockey-
mannschaft mal nicht trainiert. Dann
ist es aber eher ein gemütliches Cruisen. Besondere Stimmung herrscht
auf der Spikersuppa Eislaufbahn (gra-
tis | Schlittschuh-Ausleihe 150 NOK |
▥ H4) im Park Studenterlunden zwischen Karl Johan, Nationaltheater und
Stortinget. Wenn es dunkel wird, ist
das Ambiente dort magisch.

KAJAK & SUP

Einen besonderen Perspektivwechsel
auf die Stadt erhältst du vom Wasser

Zu warm fürs Sightseeing in der City? Badeplätze am Oslofjord sind immer ganz nah

aus. Während du bei *Madgoats (Lille Stranden 5 | madgoats.no | Bus 21, 54 Tjuvholmen | G5)* fürs *Kajak (3 Std./299 NOK)* Grundkenntnisse mit einer *Wetcard (Vättkort)* vorweisen musst, brauchst du fürs SUP keine Vorkenntnisse. 1 Std. SUP-Board mit Rettungsweste und Paddel kostet 199 NOK.

SKI FAHREN

Oslo umspannt im Winter ein dichtes Netz präparierter Langlaufloipen, 90 der insgesamt 2600 km sind beleuchtet und bis abends zu nutzen. Leicht zu erreichen: die ⚑ Loipen ums *Sognsvann (T-Bahn Linie 6 bis Sognsvann)*, auch Ungeübte haben auf den 11 km ihren Spaß. Ob Alpin, Telemark oder Snowboard – der *Oslo Vinterpark (Mo–Fr 10–22, Sa/So 9–17 Uhr | Tryvannstårnet | T-Bahn 1 Voksenkollen, dort mit Bus weiter | skimore.no | 0)* wird Extremalpinisten eher langweilen, wer ein bisschen Skigaudi in Stadtnähe genie-

ßen möchte, für den ist es eine schöne Abwechslung. Mit Verleih.

WELLNESS

Der außergewöhnliche Wellnesstempel ⚑ *The Well (tgl. 10–22 Uhr | 595 NOK | Kongeveien 65, Sofiemyr | thewell.no)*, 30 Min. vom Zentrum, ist mehr als nur Schwitzhütte: geschmackvoll, modern, mit 11 Saunen und Dampfbädern für die besondere Auszeit.

Aus den 1930ern stammt die stilvoll restaurierte Badeanstalt *Vestkantbadet (Sommerrogata 1 | sommerrohouse.com | Bus 30, 31 Solli | F4)*, die mittlerweile um ein Hotel mit Spa namens *Sommerro* ergänzt wurde.

Das kleine Dorf in der Stadt, *Salt (Aug.–Mai Fr/Sa 12–24, So 12–21 Uhr | 195 NOK | buchen auf salted.no | Langkaia 1 | 5 Min. vom Hauptbahnhof)*, beherbergt u. a. ein kleines Saunaparadies. Hier schwitzt du mit Gleichgesinnten und genießt die einmalige Atmosphäre.

FESTE & EVENTS

Für fast alle Veranstaltungen und Festivals gibt's Tickets über *Billettservice (billettservice.no).*

MÄRZ

by:larm: Rockfestival mit ausgesprochen nordischem Profil. Hier performen rund 50, zumeist junge Gruppen vier Tage zu Beginn des Monats. Eine Fachjury wählt die Teilnehmer aus, das Niveau ist erstaunlich hoch. *bylarm.no*

⭐ **Holmenkollen Skifestival:** Meist am 2. des Monats ist das Festival mehr als (nur) Skispringen. Auch um die Schanze herum ist richtig Stimmung, die durch erstklassige Sprünge, Punsch und warme Würstchen angeheizt wird. *holmenkollenskifestival.no*

MÄRZ/APRIL

Inferno Metal Festival: Hier treffen sich jedes Jahr zu Ostern 40 Bands und Fans der harten Musik vier Tage zum ausgiebigen Feiern. *infernofestival.net*

MAI

Nationalfeiertag: Höhepunkt am 17. ist der Kinderumzug auf der Straße Karl Johan zum Schlossplatz hoch und an der königlichen Familie vorbei. Den Rest des Tages wird gefeiert – in jedem Stadtteil, in den Parks und immer für die Kinder.

JUNI

⭐🚩 **Mittsommernacht:** Am 23. Juni feiert ganz Oslo mit Lagerfeuern und viel Alkohol unter freiem Himmel die kürzeste Nacht des Jahres, gern im Frognerpark oder auch am Oslofjord auf Bygdøy.

Norwegian Wood: ältestes Rockfestival von Oslo auf dem Gelände des Freibads *Frognerbadet* mit internationalen Rockklassikern und norwegischen Gruppen. *norwegianwood.no*

Der König wartet: Am 17. Mai ziehen die Kinder über Karl Johan hinauf zum Schloss

AUGUST

Øyafestivalen: internationales Rock-festival Anfang des Monats im Middel-alderparken. *oyafestivalen.com*

Oslo Jazzfestival: Eine ganze Woche lang treffen lokale und nationale Grö-ßen auf die Welt, Solisten auf Big Bands, Jugend auf Weltstars. *oslojazz.no*

Oslo Kammermusikkfestival mit hochkarätigen Streichquartetten aus aller Welt. Attraktive Mischung aus entspannter Atmosphäre und unge-wöhnlichen Veranstaltungsorten wie Kirchen, Kunstarenen und Osloer Prachtbauten. *oslokammermusikkfes tival.no*

SEPTEMBER

Ultima – Contemporary Music Festi-val: Das Festival der zeitgenössischen Musik ist das größte seiner Art in Skandinavien. Ab dem 2. Donnerstag zehn Tage lang auf allen großen Kon-zertbühnen der Stadt. Am 1. Freitag des Festivals steigt gleichzeitig die **Osloer Kulturnacht.** *ultima.no*

OKTOBER

CODA Oslo International Dance Fes-tival: hochkarätiges Tanztheater mit internationalen Gastspielen in Oper und Dansens Hus. *codadancefest.no*

OKTOBER/NOVEMBER

Oslo World Music Festival: ein Hö-hepunkt im Osloer Musikjahr, zu dem Musiker aus der ganzen Welt über 20 Konzerte an verschiedenen Veranstal-tungsorten in der Stadt geben. *oslo world.no*

DEZEMBER

Verleihung des Friedensnobelprei-ses: Anlässlich der Verleihungszere-monie am 10. Dezember im Rathaus finden im *Oslo Spektrum* Konzerte statt, bei denen auch der Preisträger dabei ist.

SCHÖNER SCHLAFEN

FÜR SPARFÜCHSE

In der *Citybox Oslo (341 Zi. | Prinsens gate 6 | Tel. 21 42 04 80 | citybox. no | Straßenbahn 11, 12, 13 Dronningens gate | € | Kvadraturen | J5)* wird <mark>für einen günstigen Übernachtungspreis auf das Teuerste verzichtet: den Service.</mark> Keine Rezeption hilft beim Ein- oder Auschecken, alles geschieht über ein Terminal. Ableger dieses Konzepts gibt es auch in Bergen und Kristiansand.

INSIDER-TIPP
Selfservice neu gedacht

PERSÖNLICHER KUSCHELSTIL

In *Camillas Hus (7 Zi. | Parkveien 31 | Tel. 94 85 60 15 | camillashus.no | €€– €€€ | Frogner | G3)* ist Gemütlichkeit Programm. Zentral hinter dem Schloss gelegen, zählt das Haus zu den ältesten Holzhäusern im Schweizer Stil. Jede Ecke ist so liebevoll und heimelig gestaltet, dass du dich auf Anhieb wohlfühlst und nie wieder weg möchtest.

DIEBISCHES LUXUSVERGNÜGEN

Eine Übernachtung in *The Thief (118 Zi. | Landgangen 1 | Tel. 24 00 40 00 | thethief.com | Straßenbahn 12 Aker Brygge | €€€ | Tjuvholmen | F5)* fällt eindeutig in die Kategorie „sich mal was gönnen". Dafür hast du von deinem eigenen Balkon einen sagenhaften Blick über die Stadt und den Fjord.

STADTHOTEL MEETS LANDLUST

Wandteppiche in den typisch ländlichen Farben rot und grün, Utensilien von Bauernhöfen aus dem ganzen Land – das *Bondeheimen (127 Zi. | Rosenkrantz' gate 8 | Tel. 23 21 41 00 | bondeheimen.com | Straßenbahn 11, 17, 18 Tinghuset | €€ | Karl Johan | H4)* tut auch heute noch viel dafür, dass sich vor allem das norwegische

Nicht Plüsch und Pomp, sondern nordisch-elegantes Understatement: im Grand Hotel

Landvolk hier wohl fühlt. Für alle anderen ist es einfach nur urig.

FÜR INDIVIDUALISTEN

Du pfeifst auf alle Annehmlichkeiten eines Hotels und machst lieber dein eigenes Ding? Dann solltest du dir bei *Frogner House Apartment (3 Häuser, 100 Wohnungen | z. B. Skovveien 8 | Tel. 93 01 00 09 | frognerhouse.no | €€ | Frogner | ☐ F3)* einen Schlüssel holen und dich einfach selbst versorgen. Ideal für Familien.

TRENDOASE MIT STIL

Hier willst du nicht mehr weg: Das kleine, intime Boutiquehotel *Oslo Guldsmeden (49 Zi. | Parkveien 78 | Tel. 23 27 40 00 | guldsmedenhotels.com/ oslo | Bus 30, 31 Solli | €€ | Frogner | ☐ F4)* lieben die Gäste v. a. wegen der geschmackvoll eingerichteten Zimmer, der hochwertigen Möbel und der Bioprodukte im Bad. Bevor du wieder abreist, vergiss nicht, Fotos von der Einrichtung zu machen, vielleicht wirst du ja für dein eigenes Zuhause inspiriert.

GÜNSTIGES AM FLUSSUFER

Wer ein wenig weg von der Stadtmitte, dafür aber näher am beliebten Viertel Grünerløkka wohnen möchte, trifft mit dem *Anker Hotel (Storgata 55 | Tel. 22 99 75 00 | anker-hotel.no | Bus 30, 31; Straßenbahn 11, 12, 13, 17 Hausmanns gate | € | Grünerløkka | ☐ K3)* direkt an der Akerselva eine gute Wahl.

PREISTRÄGERHERBERGE

Das Nonplusultra: Oslos *Grand Hotel (54 Suiten, 238 Zi. | Karl Johans gate 31 | Tel. 23 21 20 00 | grand.no | T-Bahn 1–5 Stortinget; Straßenbahn 11, 17, 18 Stortorvet | €€€ | Karl Johan | ☐ H4)* beherbergt jedes Jahr den Friedensnobelpreisträger. Innen wie außen so elegant und nobel, wie man es sich vorstellt.

ERLEBNIS TOUREN

Lust, die einzigartigen Facetten der Stadt zu entdecken? Dann sind die Erlebnistouren genau das Richtige für dich! Ganz einfach wird es mit der MARCO POLO Touren-App: Die Tour über den QR-Code aufs Smartphone laden – und auch offline die perfekte Orientierung haben.

Sehr große Kunst gibt's im Vigelandspark zu entdecken

Einfach QR-Code scannen und alle
Karten & Infos zu unseren Touren
auch unterwegs parat haben!

go.marcopolo.de/osl

DIE ERLEBNISTOUREN IM ÜBERBLICK

Skjærsjøen

Store

Åklungen

Lille

Sørkedalen

Voksen-kollen

Tryvannshøgda
529

Østern-vannet

Sørkedalsveien

Holmen-kollåsen

Sognsvann

Oslo perfekt im Überblick

1

Holmen-kollen

Vestre Aker

Hovsetter

Nordbe

vei

Grinilveien

Eiksmarka

Sørkedalsveien

Ris

Viggo Hansteens

Sogn

Østerås

Huseby

168

Sørkedalsv.

veien

168

150

St.H
haug

Bærum

Ullernchausseen

Nadderud

Bogstad

Bærumsveien

Vækerøv.

Kirke

160

Ullern

Skøyen

161

160

Høvikveien

160

Frogner

3

E18

E18

Drammensveien

Unterwegs auf der Museumsinsel Bygdøy

4

Snarøv.

Høvik

Fornebu

Hafen-Spaziergang am Nachmittag

Snarøja

Oslofjorden

Maridalen

Movatn

Dausjøen

Solemskogen

Breisjøen

Maridals-
vannet

Steinbru-
vann

Romsås

Nordre
Aker

Alunsjøen

2

Von der Industrie
zur Idylle: An Oslos
Lebensader entlang

Kalbakken

Grorud

Rødtvet

Tonsen-
hagen

Grefsen-
Kjelsås

4 Veitvet

Rolf Wickstrøms v.

Trondheimsveien

150

Bjerke

Nedre
Kalbakkvei

Østre Aker vei

Trondheimsveien

Sagene

Trond

Øren

Sinsen

Grünerløkka

Østre Aker vei

2

Bryn

Hellerud

4

Gamle
Oslo

190

1

Tvetenveien

161

Eke-
berg

Svartdalsv.

Adolf Hedins vei

Oppsal

Hellerudveien

Manglerud

Østensjø

Mosseveien

Ekeberg-
Bekkelaget

Nordstrand

E18

Lambert-
seter

N

2 km
1.24 mi

❶ OSLO PERFEKT IM ÜBERBLICK

➤ Vorbei an der bürgerlichen Stadthauskulisse von Frogner
➤ Hoch hinauf, wo Norwegens sportliches Herz schlägt
➤ Die neuen Prestigebauten am Fjord bewundern

📍 Parlament

🏁 Oper

→ 30 km, davon 11 km zu Fuß

🚶 1 Tag, reine Gehzeit 4 Stunden

ℹ️ Opernkarten vorbestellen *(operaen.no)* oder an der Abendkasse kaufen.
Grønland Basar So geschl.

❶ Parlament

❷ Königliches Schloss

❸ Åpent Bakeri

❹ Frogner

❺ Vigelandsparken

VON OSLOS HERZ ZUM SCHLOSS FLANIEREN

Das ❶ Parlament ➤ S. 39 ist seit Mitte des 19. Jhs. Mittelpunkt der norwegischen Hauptstadt, genau wie die Prachtstraße, die einfach nur „Karl Johan" genannt wird. Bevor die Stadt so richtig erwacht, beginnt hier der Bummel *über die Karl Johans gate* zum ❷ Königlichen Schloss ➤ S. 40. Führungen gibt es zwar erst mittags, aber der Blick vom Schlossplatz ist die perfekte Einstimmung auf einen erlebnisreichen Tag in Oslo. *Über Parkveien und Colbjørnsens gate* geht's zum zweiten Frühstück in die Bäckerei ❸ Åpent Bakeri ➤ S. 64 mit Gebäck und frischen Brötchen aus ökologischen Zutaten. Kauf hier auch deinen Proviant für den Lunch. *Durch das Diplomatenviertel geht es durch den Stadtteil* ❹ Frogner ➤ S. 42, der sich dir am schönsten präsentiert, wenn du *über Riddervolds plass und Briskebyveien auf den Vigelandspark zugehst.* Hier gibt es weniger Verkehr und viele Blickfänge – imposante Bürgerhäuser, schmuckvolle Villen, verzierte Erker.

MONUMENTALES & VIEL WASSER IM PARK

Schau dir im ❺ Vigelandsparken ➤ S. 44 die Sammlung monumentaler Skulpturen von Gustav Vigeland an. Die mit Figuren gesäumte Allee zum Monolithen

im Zentrum der Sammlung lädt zum näheren Studium ein. Der sich im Osten anschließende ❻ **Frognerpark** ➤ S. 42 ist die größte Spielwiese der Stadt, mit Frisbee und Gitarrenspiel – der perfekte Ort, um in Rückenlage den Himmel über Oslo zu genießen. Und dann ab ins Freibad! **Frognerbadet** ➤ S. 43 ist eine prachtvolle, von Laubbäumen eingerahmte Anlage, in der es nur an den heißesten Tagen sehr voll ist.

❻ Frognerpark

RUND UM DIE BERÜHMTE SCHANZE

Über Middelthuns gate und Kirkeveien gelangst du zum Bahnhof Majorstuen. Die Linie 1 Richtung Frognerseter schleppt sich hinauf bis zum ❼ **Holmenkollen** ➤ S. 55. *Von der gleichnamigen Haltestelle ist der Weg zur Schanzenanlage ausgeschildert.* Besuch das ⚑ **Ski-museum** ➤ S. 55 mit spektakulärer Aussicht vom

❼ Holmenkollen

Neu und nachhaltig: Das Munchmuseum wuchs gleich neben der Oper aus dem Fjord

Sprungturm und nimm für den Rückweg nicht den Fahrstuhl, sondern die „schwebende" Variante: Beim **Ziplining** ➤ S. 56 geht's sicher, schnell und mit Bauchkribbeln hinunter ins Zielgebiet der Schanze. Deinen Lunch genießt du auf sicherem Boden auf dem Hügel ❽ **Gratishaugen** *auf der anderen Straßenseite* mit schöner Aussicht auf die Sprungschanze, wo immer einige Spitzensportler ihr Sommertraining absolvieren. *Zurück an der Haltestelle Holmenkollen bringt dich die Linie 1 bis zur Station Tøyen.*

ECHTES GEBIRGSGRÜN MITTEN IN DER STADT

Südlich davon triffst du in einigen Seitenstraßen immer wieder auf außergewöhnliche 🐦 Straßenkunst. Nördlich des Bahnhofs liegt der ❾ **Botanische Garten** ➤ S. 51 der Osloer Universität – eine Augenweide und ein stilles Paradies für Sonnenanbeter. Besonders der Spaziergang durch *Fjellhagen,* den Gebirgsgarten, ist eine farbenprächtige Begegnung mit der norwegischen Flora.

MULTIKULTURELL, TRADITIONELL & SUPERMODERN

Mit der Linie 1 kommst du zum Bahnhof Grønland. Jetzt bist du im beliebten, aber wenig herausgeputzten Multikulti-Stadtteil ❿ **Grønland** ➤ S. 50. *Etwa 60 m die Straße rechts runter liegt* **Asylet** ➤ S. 72, wo du norwegisch speisen kannst. Hier ist alles ein bisschen einfacher und dunkel gehalten, die traditionellen *smørbrød,* belegte Brote mit Krabben, Frikadellen oder Lachs, stärken dich aber gut für den weiteren Weg. *Nach dem Essen biegst du die zweite Straße links in die Tøyengata ein, um zum* 🍽 **Grønland Basar** ➤ S. 50 *zu gelangen.* Die Exotik des Stadtteils kommt in diesem Einkaufszentrum am stärksten zum Ausdruck. Der anschließende Spaziergang *über Grønlandsleiret und durch die Man-*

❽ Gratishaugen

❾ Botanischer Garten

❿ Grønland

*dalls gate auf die abends blau angeleuchtete Fußgän-
gerbrücke zu, vorbei am Hauptbahnhof und durch das
Finanzviertel* 🚩 *Barcode führt dich an den Fjord und zu-
nächst an der Oper vorbei direkt in das* **⑪ Munchmuseet** ➤ S. 31. Im nagelneuen Prestigebau am Wasser
erwartet dich die weltweit größte Sammlung an Gemälden und Grafiken von Norwegens berühmtestem Ma-
ler. Heb dir die Besichtigung der **⑫ Oper** ➤ S. 88, 32
gleich nebenan für den Abend auf, wenn der Blick vom
Operndach auf den Osthafen und auf die Hochhäuser
der norwegischen Finanzwelt ein Lichtspektakel ist. An
langen Sommerabenden hast du dafür noch bis spät in
den Abend hinein Zeit, sogar noch nach dem Besuch
einer Opernvorstellung.

⑪ Munchmuseet

⑫ Oper

❷ VON DER INDUSTRIE ZUR IDYLLE: AN OSLOS LEBENSADER ENTLANG

➤ **Wo Oslo bunt und multikulti ist**
➤ **Industrieromantik am Fluss**
➤ **Erfrischung für Freischwimmer**

📍 U-Bahnstation
Grønland

🚩 Teknisk Museum

→ 9 km

🚶 ½ Tag,
reine Gehzeit
2½ Stunden

ℹ️ **❺ Søndagsmarkedet på Blå:** nur So geöffnet.
Die Tour am besten im Sommer machen.
Bus 54 fährt von der Station Kjelsås am **⑭ Teknisk Mu-
seum** ins Stadtzentrum zurück.

KUNST-BRÜCKEN & WASSERFÄLLE

Der Spaziergang beginnt an der **❶ U-Bahnstation
Grønland.** Du hältst dich links, gehst unter der Beton-
brücke hindurch zum Weg, der am rechten Ufer fluss-

**❶ U-Bahnstation
Grønland**

aufwärts führt. Hier begegnest du dem für die Stadtteile am Akerselva typischen Gegensatz: Industriegebäude und Gewerbe auf der einen Flussseite, Parklandschaft und Natur auf der anderen. *Unter der Hausmannsbrücke hindurch geht es bis zur* ❷ **Ankerbrücke**. Sie ist mit vier Bronzeskulpturen des Künstlers Dyre Vaa mit Motiven aus norwegischen Volksmärchen ausgeschmückt. *Am anderen Ufer liegt das* ❸ **Norwegische Design- und Architekturzentrum** ➤ S. 78. In einer ehemaligen Transformatorenstation untergebracht, zeigt es die Verwandlung der Industrielandschaften am Fluss. Lust auf sportliche Abwechslung? *Über die Brücke zurück gelangst du in der Søndre gate 1 zum* ❹ **Grünerløkka Minigolf Park** *(tgl. 12–20 Uhr).* Dann wird es am **Brenneriveien** städtisch eng. *Am linken Flussufer, über die Ingens gate erreichbar,* gibt es hier sonntags u. a. mit schöner norwegischer Gebrauchskunst den Kunsthandwerksmarkt ❺ **Søndagsmarkedet på Blå** *(Brenneriveien 9). Der rechtsseitige Uferweg führt zu* ❻ **Nedre Foss,** dem unteren Wasserfall. Bis hierher war der Fluss früher schiffbar. Das **Silo** (heute wohnen hier Studenten) ist Zeugnis eines einstigen Mühlenbetriebs.

INSIDER-TIPP
Märchenhaftes am Straßenrand

INSIDER-TIPP
Schnickschnack fürs Zuhause

❷ **Ankerbrücke**

❸ **Norwegisches Design- und Architekturzentrum**

❹ **Grünerløkka Minigolf Park**

❺ **Søndagsmarkedet på Blå**

❻ **Nedre Foss**

Hübsch den Fluss überqueren mit der Åmot-Hängebrücke, zugezogen aus dem Westen

WAFFELN, BIBERN & ERDÖL AUF DER SPUR

Du erreichst nun Kuba, wo früher ein Gaswerk mit einem Heizwerk in kubischer Form stand. *Wechsle über die Holzbrücke die Flussseite. Durch den Park von Kuba geht's zur* ❼ **Åmot-Hängebrücke.** Sie stand ursprünglich in Modum westlich von Oslo. *Am rechten Flussufer kommst du nach einem steilen Anstieg zum* ❽ **Øvre Foss.** Der obere Wasserfall ist wohl der schönste am Akerselva.

Hier liegt auch das charmante ❾ **Hønse-Lovisas Hus** *(Di–So 11–16 Uhr | Sandakerveien 2 | Tel. 21 68 70 50 | €).* In

1 km	
0.62 mi	

INSIDER-TIPP
Café mit Waffellizenz

dem Café gibt es die besten frischen Waffeln der Stadt mit Rahm und Marmelade.

*Der Weg führt dich unter der 161 hindurch und auf den Myra nach Norden. An der Kreuzung biegst du bei der Eventyrfabrikken rechts ab und gehst durch den Ge*bäudekomplex der ehemaligen Werkstatt ❿ **Myhren,** die Maschinen für die Betriebe am Akerselva herstellte. Die Gebäude bieten einen eindrucksvollen Einblick in Oslos ehemalige Industrie-Architektur. *Wenn du den Komplex durchquert hast, erreichst du den Sandakerveien, dem du links bis zum Oscar-Braatens-Platz folgst.* Im Eckcafé ⓫ **Caminito** *(Mo–Fr 8.30–22, Sa/So 11–22 Uhr | Torshovgata 1 | Tel. 40 07 59 85 | €)* genießt du ein Glas Rotwein. Salami oder Käse aus Südamerika kann man mitnehmen. *Am Fluss folgst du hinter Nydalen dem beschilderten Weg bis zum* ⓬ **Stauwehr Nydalsdamm,** wo sich der Akerselva rauschend hinunterstürzt. Am Fuß bildet er einen Teich mit dem

INSIDER-TIPP
Badespaß mit Biber

idyllischem ⓭ **Badeplatz Nydalsdamm.** Zeit für eine Erfrischung! Mit ein wenig Glück entdeckst du in dem ruhig fließenden Bach so-

❼	Åmot-Hängebrücke
❽	Øvre Foss
❾	Hønse-Lovisas Hus
❿	Myhren
⓫	Caminito
⓬	Stauwehr Nydalsdamm
⓭	Badeplatz Nydalsdamm

⓮ Teknisk Museum

gar Biber oder zumindest deren Bauwerke. Am Ende der Tour gelangst du zum 🚇 ⓮ Teknisk Museum ➤ S. 56, das die Eindrücke des Spaziergangs noch einmal gebündelt veranschaulicht und dir einen interessanten Einblick in die von der Erdölindustrie geprägte Gegenwart des Landes gibt.

❸ UNTERWEGS AUF DER MUSEUMSINSEL BYGDØY

➤ **Oslos Küste vom Wasser aus erkunden**
➤ **Relaxen und Schlemmen direkt am Ufer**
➤ **Schiff satt auf der Insel**

📍 Sjølyst Marina

🏁 Bygdøy-Fähre

→ 10 km

🚶 1 Tag, reine Gehzeit 1½ Stunden

ℹ️ Tour im Sommer machen.
Mit dem Oslo-Pass hast du freien Eintritt zu allen Museen und bezahlst weder Fähre noch Bus.
Paddeltour mit **Oslo Kayak Tours** anmelden.

ERST IM KAJAK ARBEITEN & DANN AM FJORD AUSRUHEN

❶ Sjølyst Marina

Du startest an der ❶ Sjølyst Marina. Bei einer Paddeltour mit Oslo Kayak Tours *(Treffpunkt: Drammensveien 164 | Tel. 92 42 35 96 | oslokayaktours.no)* geht es vom Bootshafen durch den Schärengarten von Bygdøy und bis an die Highlights der norwegischen Hauptstadt heran. Nach so viel körperlicher Anstrengung ist es Zeit für Entspannung am Strand. *Spazier von der Marina aus bis zur Haltestelle Karenslyst allé nahe der E 18 und fahr mit Bus Nr. 30 bis zur Haltestelle Huk an der Südwestspitze von Bygdøy.* ❷ Hukodden ist der schönste Sandstrand der Insel.

❷ Hukodden

MEERESMENÜ & WIKINGERLEGENDEN

Wenn der Magen knurrt, *steigst du wieder in den Bus und fährst bis zur Haltestelle Herbernveien weiter. Am Fähranleger startet „Norwegens kürzeste Fährfahrt" (nur im Sommer Mo–Fr 8.30–15 alle 30 Min., 15–21 alle 15 Min., 21–23.30 alle 30 Min., Sa/So 8.30–21 alle 15 Min., 21–23.30 Uhr alle 30 Min.) zum Eiland* **Lille Herbern.** Das Restaurant ⚑ ❸ **Lille Herbern** *(Mitte Mai–Mitte Sept. tgl. | Herbernveien 1 | Tel. 22 44 97 00 | lilleherbern.no | €€€)* hält ein Menü mit Meeresdelikatessen bereit. Der Blick über die Fahrwasser vor Oslo ist prachtvoll. *Zurück auf Bygdøy* würde sich nun ein Blick

❸ Lille Herbern

auf die Wikingerschiffe Oseberg, Gokstad und Tuneschiff anbieten. Aber noch befindet sich das neue Vikingermuseum im Bau. 2026 soll es öffnen und einen spektakulären Einblick in die Wikingerzeit bieten. *Du bleibst daher am Oslofjord, wendest dich nach rechts und gehst in östliche Richtung auf dem Bygdøynesveien* mitten hinein in Norwegens stolze Seefahrergeschichte. Ihr widmet sich detailliert das **❹ Norsk Maritimt Museum** ➤ S. 47. *Rechts davon* ist um den **Einmaster Gjøa,** einen gut 21 m langen, bauchigen Schoner, mit dem Roald Amundsen Anfang des 20. Jhs. die Nordwestpassage durchquerte, und die **Fram,** die die großartige Polargeschichte Norwegens auf einem einzigen Schiff zusammenfasst, das **❺ Fram-Museum** ➤ S. 48 gebaut. Das **❻ Kon-Tiki-Museum** ➤ S. 48 ist Thor Heyerdahl, einem der bekanntesten und umstrittensten Wissenschaftler Norwegens, gewidmet. Mit dem Balsafloß Kon-Tiki segelte er 4300 Seemeilen von Südamerika über den Pazifik nach Polynesien. Auch das Papyrusschiff Ra II und ein Modell des Schilffloßes Tigris sind hier ausgestellt.

❹ Norsk Maritimt Museum

❺ Fram-Museum
❻ Kon-Tiki-Museum

Charmanter kannst du nicht auf Kreuzfahrt gehen: mit der Bygdøy-Fähre über den Fjord

Der Törn mit der ⑦ Bygdøy-Fähre *(März–Okt. letzte Fähre ab Bygdøynes um 18.40 Uhr)* ist die perfekte Abrundung eines Tages voller maritimer Erlebnisse.

⑦ Bygdøy-Fähre

④ HAFENSPAZIERGANG AM NACHMITTAG

➤ Kunst an der Kai-Kulisse genießen
➤ Shoppen und Schlendern wie auf der Piazza
➤ Perspektivwechsel von der Ostseite auf die Stadt

📍	Tjuvholmen Skulpturpark	🏁	Festung Akerhus
→	2 km	🚶	½ Tag, reine Gehzeit ½ Stunde

ⓘ Der Spaziergang empfiehlt sich samstagnachmittags. Die Läden auf ④ Aker Brygge sind bis 20 Uhr geöffnet.

KUNST ZUM SCHAUEN, KUNST ZUM KAUFEN

Beginn im ❶ Tjuvholmen Skulpturpark *zwischen Astrup Fearnley Museet ➤ S. 37 und Fjord.* Zwischen Werken großer internationaler Künstler suchst du dir einen Platz am Ufer und lässt den Blick über Oslos Skyline gleiten: Motorboote, Segelschiffe, das Rathaus, die Festung Akershus überragen die Szene. Vom gläsernen Fahrstuhl ❷ Glaslift Tjuvtitten ➤ S. 38 aus hast du einen tollen Blick über die Stadt. *Wieder unten, hältst du dich rechts und gehst am Gebäude vorbei an der Tjuvholmen allé entlang.* Von hier aus bummelst du *stadteinwärts und über den ersten Kanal hinweg. Rechts liegt dahinter die Galerie* ❸ Pushwagner *(Di–Fr 12–18, Sa 12–17, So 12–16 Uhr | Tjuvholmen allé 25).* Der 1940 in Oslo geborene Pop-Art-Künstler ist Norwegens wichtigster Maler der Gegenwart. Seine Werke werden im Galerieshop verkauft.

❶ Tjuvholmen Skulpturpark

❷ Glaslift Tjuvtitten

❸ Pushwagner

FRIEDEN UND ARCHITEKTUR IM FOKUS

Am Olav Selvaags plass biegst du rechts auf Stranden ein, über einen weiteren Kanal hinweg bist du auf ❹ Aker Brygge ➤ S. 37. Bummle am Wasser entlang, an dümpelnden Kähnen vorbei und genieß den Mix von Möwengeschrei und Straßenmusik. *Bieg links in die Bryggegata ein, dann rechts in die Holmensgata*, wo du in der ❺ Milla Boutique *(Mo–Fr 11–20, Sa 11–18 Uhr | Holmengate 4 | millaboutique.no)* Interieur und Design vom Feinsten findest. *Geh zurück zum Fjordufer und weiter Richtung Rathaus. Wo die Kaistraße endet, liegt zur linken Hand das Nobels Fredssenter* ➤ S. 36. Direkt dahinter findest du die ❻ Bollebar *(Mo–Fr 7.30–18, Sa/So 10–17 Uhr | Brynjulf Bullsplass 2 | €€)* – egal ob süß oder salzig, die leckeren runden Hefestücke dort werden auch dich nicht kaltlassen. *Gegenüber erstreckt sich jetzt der riesige Komplex des* ❼ Nasjonalmuseet ➤ S. 35 Hier solltest du ausreichend Zeit einplanen, die Architektur und die Kunst auf dich wirken zu lassen. Schlendre dann weiter zum ❽ Rathaus ➤ S. 35. Skater und Straßenmusiker sind immer da, ebenso die beiden zum Fjord gewandten Fontänen mit den Skulpturen sitzender Frauen und

❹ Aker Brygge

❺ Milla Boutique

❻ Bollebar

❼ Nasjonalmuseet

❽ Rathaus

Der Mix aus Stadtleben und Strandgefühl macht die neuen Quartiere am Fjord so anziehend

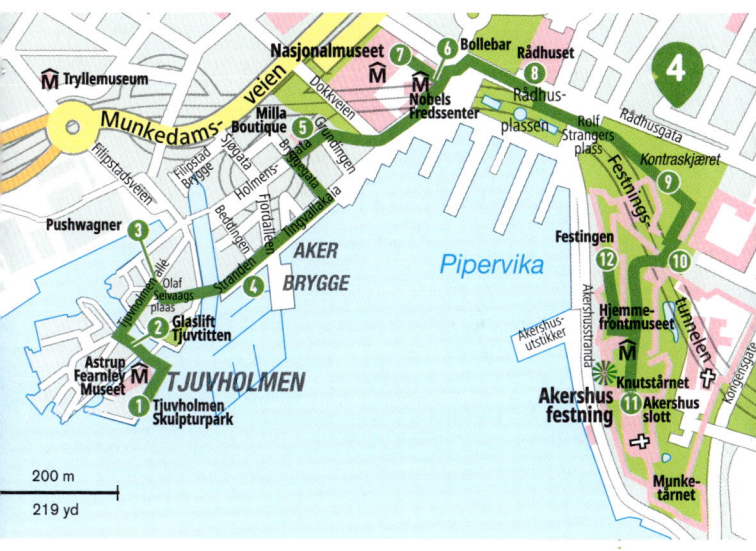

Kinder. Spätestens mit den Gedenkfeiern anlässlich der Attentate vom 22. Juli 2011 hat der Rathausplatz bei den Einwohnern auch eine symbolische Bedeutung als Stätte der Begegnung erlangt.

HINAUF GEHEN & HINAB SCHAUEN

Ostwärts gehst du geradewegs auf die Festung Akershus zu. Spazier durch die Grünanlagen des ❾ **Kontraskjæret,** halt dich leicht rechts, bis du zur Myntgata kommst. Steuere dort die rotbraunen Backsteinhäuser an. Links gibt es eine Informationstafel und gleich dahinter den ❿ **Pferdestall** der berittenen Osloer Polizei. Die dort untergebrachten Warmblüter laufen oft draußen in der Anlage herum. *Rechts des Stalls betrittst du das Gelände der* ⓫ **Festung Akershus ➤ S. 34** *und hältst Kurs auf die Wallanlagen.* Jetzt bist du oberhalb der Hafenbucht, blickst auf vertäute Schiffe sowie auf Aker Brygge und Tjuvholmen am anderen Ufer. Im Freilichtrestaurant ⓬ **Festningen** *(So geschl. | Tel. 22 83 31 00 | festningenrestaurant.no | €€€)* genießt du nicht nur das Essen oder einen Drink, sondern auch die im wahrsten Sinne herausragende Lage, das nordische Licht und die Vielfalt der Stadt.

❾ **Kontraskjæret**

❿ **Pferdestall**

⓫ **Festung Akershus**

⓬ **Festningen**

GUT ZU WISSEN

DIE BASICS FÜR DEINEN STÄDTETRIP

ANKOMMEN

ANREISE

Die *Color-Line-Fähre (20 Std. | Autopakete für 4 Pers. ab 988 Euro, Hauptsaison 1028 Euro hin und zurück | color line.de)* verkehrt direkt zwischen Kiel und Oslo. Weitere Verbindungen von/nach Deutschland, Dänemark bzw. Schweden *(z. B. Kiel–Göteborg und Fredrikshavn–Oslo)* über *Stena Line (stenaline.de)*.

Eine schöne Kombination aus Auto- und Kreuzfahrt ist die Passage mit den *Nightlinern von DFDS (Abfahrt am Nachmittag, Ankunft am Vormittag, 17 Std. | 2 Pers./Pkw/Kabine ab 224 Euro je Strecke, günstige Anschlusstickets für Puttgarden–Rødby in Dänemark | dfds.com)* von Kopenhagen nach Oslo.

Aktuell fährt *Flixbus (flixbus.de)* von Berlin und Hamburg nach Oslo *(ab 99 Euro je Strecke).* Die Fahrzeit beträgt 19 bzw. 16 Std.

Mit dem Zug dauert die Fahrt ab Hamburg über Kopenhagen und Malmö 20 Std., Ankunft am Hauptbahnhof *Oslo Sentralstasjon (Oslo S).* Preislich lohnt sich nur das *Interrail-Ticket (ab 148 EUR, 1-Land-Pass für 8 Tage 281 EUR).*

Den Osloer Flughafen *Gardermoen (40 km nördlich)* fliegen SAS, Lufthansa, Eurowings und Norwegian von mehreren deutschen Flughäfen aus an. Ab Zürich fliegen SAS und Swiss International Airlines, Austria und Ryanair fliegen von Wien direkt nach Oslo.

VOM FLUGHAFEN IN DIE CITY

Zwischen Gardermoen und Oslo fährt ein Hochgeschwindigkeitszug *(einfache Fahrt 210 NOK).* Alternative: Die Züge von *Vy* (ehemals NSB), Norwegens staatlicher Eisenbahn, bringen

Wer mag, erreicht Oslo übrigens auch mit dem eigenen Boot und parkt in Citynähe

dich für 114 Kronen in knapp 25 Minuten zum Osloer Hauptbahnhof. Rückfahrt: ab Oslo S per Vy-Zug nach Eidsvoll oder Lillehammer. Mit dem *Flybussen* geht die Fahrt für 199 NOK in 50 Minuten vom Flughafen zum Oslo-Busterminal direkt ins Zentrum. Stündliche Abfahrten ab 4.10 Uhr.

ZOLL
Nach Norwegen dürfen z. B. 2 l Bier, 1 l Spirituosen über 22-Vol.-% und 1,5 l Wein sowie 200 Zigaretten eingeführt werden. Bei der Rückreise in die EU sind u. a. 200 Zigaretten, 1 l Spirituosen über 22-Vol.-% und 2 l alkohol. Getränke bis 22-Vol.-% sowie andere Waren bis zu einem Wert von 300 Euro (Flug-/Seereisende: 430 Euro) erlaubt. Für die Schweiz gelten andere Bestimmungen. Der Gesamtwert aller Waren darf jedoch 300 CHF nicht überschreiten. Weitere Infos unter *zoll.de*

MOBIL SEIN

AUTO/MAUT
Bei der Einfahrt mit dem Auto nach Oslo über die Europastraßen wird elektronisch eine Maut von 50 NOK erhoben. Eine Barzahlung ist nicht möglich, Reisende ohne Autopass-Chip an der Frontscheibe bekommen im Normalfall später eine Rechnung zugeschickt. Wer dies umgehen möchte und länger in Norwegen bleibt, kann auch online auf der deutschen Seite von *autopass.no* mit Kreditkarte ein Konto eröffnen und dann in Norwegen ungehindert jede Mautstation passieren.

FAHRRAD- & E-SCOOTER-VERLEIH
Es gibt rund 250 Standorte in Oslo, an denen Stadträder von ✆ *Oslo Bysyk-*

kel mithilfe der App *Oslo City Bike* gemietet werden können. 24 Stunden kosten 49 NOK. Weitere Infos auf *osloby sykkel.no*. Für längere Touren mit oder ohne Stadtführer empfiehlt sich *Viking Biking* (Akershusstranda 31 | Tel. 41 26 64 96 | vikingbikingoslo.com | 🗺 H5).

Seit einiger Zeit rollen auch die E-Scooter von *VOI (voiscooters.com)* in Oslo. Die Miete, die per App eingerichtet wird, startet bei 10 NOK, die Minute liegt bei 2 NOK.

INSIDER-TIPP
Unabhängig mit dem Rad durch die Stadt

ÖFFENTLICHE VERKEHRSMITTEL

Es gibt in der Hauptstadt ein U-Bahn-Netz *(T-bane)* mit 5 Linien, sechs Straßenbahnlinien *(trikk),* ein paar Fährverbindungen zu den Inseln im Oslofjord und verschiedene Buslinien.

Die bequemste Art an ein Ticket zu gelangen, ist über die *RuterBillett-App.* Einzeltickets – auch für die T-Bahn – werden in Bus oder Straßenbahn verkauft *(59 NOK)* und gelten bis eine Stunde, 24 Std. kosten 137 NOK.

Für Oslo-Pass-Inhaber (ganz einfach über die *Oslo Pass App*) sind die öffentlichen Verkehrsmittel frei. Achtung: Tickets vor Fahrtantritt entwerten! Weitere Infos und Fahrtenplaner gibt es unter *ruter.no*.

PARKEN

Kostenlose Parkplätze gibt es im Stadtzentrum Oslos so gut wie gar nicht. Auf den gekennzeichneten städtischen Plätzen wird Mo–Fr 9–18 und Sa 9–15 Uhr eine Gebühr erhoben; auf vielen Parkplätzen gilt eine Höchstparkdauer von 3 Std. Das Limit betrifft auch Inhaber eines Oslo-Passes, die hier mit ihren Autos kostenlos stehen dürfen. Die vielen Parkhäuser in der Stadt sind zwar recht teuer, aber dafür sicher und unbegrenzt nutzbar. Fast alle Hotels haben eigene Stellplätze für Gäste.

TAXI

Die drei Taxiunternehmen mit zentraler Rufnummer sind *Norgestaxi* (Tel. 0 80 00), *Oslo Taxi* (Tel. 0 23 23) und *Taxi 2* (Tel. 23 20 45 45). Die Fahrzeuge sind mit Taxameter ausgestattet, der Grundpreis startet bei 77 NOK, jeder Kilometer 20 NOK *(Strecke Stadtmitte–Bygdøy ca. 280 NOK)*. Taxistandplätze sind beschildert. Beachte, dass sich dort an Wochenenden nach 23 Uhr bis in den frühen Morgen lange Warteschlangen bilden.

GRÜN & FAIR REISEN

Du willst beim Reisen deine CO_2-Bilanz im Hinterkopf behalten? Dann kannst du deine Emissionen kompensieren *(atmosfair. de; myclimate.org)*, deine Route umweltgerecht planen *(routerank. com)* oder auf Natur und Kultur *(gate-tourismus.de)* achten. Mehr über ökologischen Tourismus erfährst du hier: *oete.de* (europaweit); *germanwatch.org* (weltweit).

VOR ORT

AUSKUNFT

– Trafikanten (*Hauptbahnhof Oslo S, im Gebäude Østbanehallen, neben dem Haupteingang (Tel. 23 10 62 00 | ▢ J4)*

FEIERTAGE

1. Jan.	Neujahr
März/April	Gründonnerstag, Karfreitag, Ostermontag
1. Mai	Tag der Arbeit
17. Mai	Tag der Verfassung
Mai	Christi Himmelfahrt
Mai/Juni	Pfingstmontag
24. Dez.	Heiligabend (nachmittags)
25./26. Dez.	Weihnachten

GELD & KREDITKARTEN

Mit einer Visacard oder Mastercard kannst du überall bezahlen, mit American Express fast überall. An den Geldautomaten *(minibank),* die es an fast jeder Straßenecke gibt, bekommst du mit den international üblichen Kreditkarten Bargeld, an einigen Schaltern auch mit der EC-Karte. Praktischer Währungsrechner ist z. B. xe.com.

ÖFFNUNGSZEITEN

Supermärkte sind wochentags 9–21 Uhr, manche sogar bis 23 Uhr geöffnet. Samstags ist 9–16 oder bis 18 Uhr die übliche Öffnungszeit. Die meisten übrigen Geschäfte haben Mo–Fr 9–20, samstags bis 16 Uhr geöffnet.

OSLO-PASS

Freier Eintritt zu mehr als 30 Museen und öffentlichen Schwimmbädern, freie Benutzung der öffentlichen Verkehrsmittel und freies Parken sind gute Gründe für Besucher, sich einen Oslo-Pass für 1, 2 oder 3 Tage zu besorgen. Weitere Boni: 20–30 Prozent Ermäßigung auf beliebte Stadtrundfahrten, Rabatt bei einigen Autovermietern und in vielen Restaurants. Den Oslo-Pass gibt es über die *Oslo Pass App,* in den Touristeninformationen oder in Hotels. Er kostet für 3 Tage 820 (Kinder 410 NOK), für 2 Tage 655 (Kinder 325 NOK) und für einen Tag 445 (Kinder 235 NOK).

POST

Die Postämter sind Mo–Fr 8–17 und Sa 9–15 Uhr geöffnet. Sehr viele Lebensmittelgeschäfte haben aber einen Postschalter *(post i butikk).* Sie sind mit dem roten Logo der Post *(posten)* gekennzeichnet.

PREISE

Gute Planung spart in einer der teuersten Hauptstädte der Welt bares Geld. Hotelzimmer werden grundsätzlich mit reichlichem Frühstück angeboten, das das Mittagessen ersetzt. In der Stadtmitte gibt es kaum günstige Supermärkte, also deck dich eher am Stadtrand mit Verpflegung ein. Das spart den Snack zwischendurch sowie das Getränk in der Kneipe, beides in Oslo erschreckend teuer.

STADTRUNDFAHRTEN

Mit 900 NOK zwar sehr teuer, aber wirklich gehaltvoll ist die *Oslo Grand tour (April–Okt. tgl. 10–17.30 Uhr | Abfahrt ab Haakon VII's Gate 1 | buchen über fjordtours.com)* mit Bus und Schiff. Alle Highlights der Stadt und die wichtigsten Museen werden auf der Tour besucht, Höhepunkt ist die zweistündige Schifffahrt.

Geht immer: die insgesamt 1,5 Std. dauernde *Hop-on-Hop-off-Rundfahrt (ab Anleger 3 vor dem Rathaus | vier Stopps, tgl. vier Abfahrten, erste 9.45,*

letzte 14.15 Uhr, Juli/Aug. bis 19 Uhr | NOK 400) mit einem kleinen Schiff auf dem Oslofjord. Auf die genannten Touren gibt es Rabatt mit dem Oslo-Pass. Wer günstig die Stadt erkunden will, nimmt die Straßenbahn, *Trikk*, und erkundet für den Preis eines Tagestickets mit ihr die Stadt. Besonders schöne Ausblicke bietet die 🚊 Linie 12 zwischen Majorstuen am Frognerpark und Kjelsås im Norden.

TELEFON & HANDY

Auslandsvorwahlen aus Norwegen nach Deutschland *00 49*, nach Öster-reich *00 43*, in die Schweiz *00 41*. Aus dem Ausland wird nach Norwegen die *00 47* vorgewählt. In Norwegen sind alle Telefonnummern (außer Sondernummern) achtstellig, Vorwahlen gibt es nicht; Handynummern beginnen mit 9 oder 4. GSM-Handybesitzer werden in Norwegen problemlos telefonieren können.

TRINKGELD

Wenn Essen und Service gut waren, sind bis zu zehn Prozent üblich.

UNTERKUNFT

Abgesehen von Preisen ab ca. 80 Euro pro Nacht/Person in Doppelzimmer oder Apartment fällt die Entscheidung zwischen Großstadtflair oder Naturerlebnis nicht leicht: Beides ist in Oslo möglich. Kontakt zu Locals bekommt man bei *couchsurfing.com*. Oder einfach unkompliziert das Jedermannsrecht nutzen und mit dem eigenen Zelt im Wald am Stadtrand *(meetoslo. com)* schlafen.

VERANSTALTUNGSHINWEISE

Auf der Website *visitoslo.com* gibt es einen deutschsprachigen Veranstaltungskalender. In Touristeninformationen und den meisten Hotels liegt das englischsprachige Gratismagazin *What's on Oslo* aus, das alle zwei Monate erscheint.

WLAN

WLAN ist in Oslo nahezu flächendeckend verbreitet. In jedem Hotelfoyer sind Internetzugänge für Besucher eingerichtet, fast jedes Café, jede Bar hat WLAN. Du kannst dir schon am Flughafen *Gardermoen* und im Zug in die City ein Passwort bestellen und dich kostenlos einloggen.

NOTFÄLLE

DIPLOMATISCHE VERTRETUNGEN

- *Deutsche Botschaft (Mo–Fr 8.30–11.30 Uhr | Oscars gate 45 | 0244 Oslo | Tel. 23 27 54 00 | oslo.diplo.de | Frogner | ▥ G3)*
- *Österreichische Botschaft (Mo–Fr 10–12 Uhr | Thomas Heftyes gate 19–21 | 0244 Oslo | Tel. 22 54 02 00 | bmeia. gv.at | Frogner | ▥ E4)*
- *Botschaft der Schweiz (Mo–Fr 9.30–12 Uhr | Oscars gate 29 | 0244 Oslo | Tel. 22 54 23 90 | eda.admin.ch/oslo | Frogner | ▥ G3)*

GESUNDHEIT

Ärztlicher Notdienst und Krankenwagen werden über Tel. 113 angerufen. Erste Anlaufstelle für Kranke und Verletzte ist die rund um die Uhr geöffnete *Oslo Legevakt (Storgata 40 | Tel. 11 61 17).* Die europäische Krankenversicherungskarte EHIC solltest du mit dir führen, ein Eigenanteil – je nach Behandlung liegen die Kosten zwischen 223 und 357 NOK, Röntgen 267 NOK – ist zu entrichten. Die einzige rund um die Uhr geöffnete Apotheke in Oslo liegt am Platz vor dem Hauptbahnhof *(jernbanetorget).*

NOTRUF

Feuerwehr (Tel. 1 10), Polizei (Tel. 1 12), Medizinische Nothilfe (Tel. 1 13)

WETTER IN OSLO

■ Hauptsaison
■ Nebensaison

	JAN.	FEB.	MÄRZ	APRIL	MAI	JUNI	JULI	AUG.	SEPT.	OKT.	NOV.	DEZ.
Tagestemperaturen	-2°	-1°	4°	10°	16°	20°	22°	21°	16°	9°	3°	0°
Nachttemperaturen	-7°	-7°	-4°	1°	6°	10°	13°	12°	8°	3°	-1°	-4°
☀ Sonnenschein Stunden/Tag	2	3	4	6	7	8	7	7	5	3	1	1
☂ Niederschlag Tage/Monat	8	7	5	7	7	10	11	11	10	10	12	10
≋ Wassertemperatur in °C	3	2	3	5	9	13	16	17	15	11	7	5

☀ Sonnenschein Stunden/Tag   ☂ Niederschlag Tage/Monat   ≋ Wassertemperatur in °C

SPICKZETTEL
NORWEGISCH

SMALLTALK

ja/nein/vielleicht	ja/nei/kanskje	ja/näi/kansche
bitte	(bittend:) Vær så snill./ (anbietend:) Vær så god.	wär schoh snill/ wär schohg u
danke	Takk.	tak
Gute(n) Morgen!/Tag!/ Abend!/Nacht!	God morgen!/dag!/ kveld!/natt!	gu morn/gu dag/ gu kwäll/gu natt
Hallo!	Hei!	hai
Tschüss!/Auf Wiedersehen!	Ha det!	ha de
Ich heiße …	Jeg heter …	jäi hehter
Wie heißt du?/ Wie heißen Sie?	Hva heter du?	wa hether dü
Ich komme aus …	Jeg er fra …	jäi er fra
Entschuldige!/ Entschuldigen Sie!	Unnskyld.	ünnschüll

ZEIGEBILDER

ESSEN & TRINKEN

Reservieren Sie uns bitte für heute Abend einen Tisch für vier Personen.	Vi vil gjerne bestille et bord for fire personer til i kveld.	wi will järne bestille ät bur for fire persuner till i kväll
Die Speisekarte, bitte.	Kan jeg få menyen?	kann jäi fo menüen
Könnte ich bitte … haben?	Kunne jeg få …?	künne jäi fo
Salz/Pfeffer/Zucker	salt/pepper/sukker	salt/päpper/sucker
Essig/Öl	eddik/olje	äddick/ulje
Milch/Sahne/Zitrone	melk/fløte/sitron	mälk/flöte/sitrun
mit/ohne Eis	med/uten is	meh/üten ihs
Vegetarier(in)/Allergie	vegetarianer/allergi	wegetarianer/allergi
Ich möchte zahlen, bitte.	Jeg vil gjerne betale.	jäi will järne betale
bar/Kreditkarte	kontant/kredittkort	kontant/kreditkurt
Bäckerei/Supermarkt	bakeri/supermarked	bakeri/süpermarked

NÜTZLICHES

Wo ist …?/Wo sind …?	Hvor er …?	wur är
Wie viel Uhr ist es?	Hva er klokken?	wa ähr klocken
heute/morgen/gestern	i dag/i morgen/i går	i dag/i morn/i gohr
Wie viel kostet …?	Hva koster … ?	wa koster
Wo finde ich einen Internetzugang/WLAN?	Hvor er nærmeste internettilgang/ internettilkobling?	wur er närmeste internettilgang/ internettilkobling
offen/geschlossen	åpent/stengt	ohpent/stängt
rechts/links	høyre/venstre	höire/wänstre
Apotheke/Drogerie	apotek/parfymeri	apothek/parfümeri
Fahrplan/Fahrschein	rute/billett	rüte/bielett
kaputt/funktioniert nicht	ødelagt/fungerer ikke	ödelagt/fungerer icke
Werkstatt	verksted	wärksted
Verbot/verboten	Forbud/forbudt	forbütt
Hilfe!/Achtung!	Hjelp!/Pass på!	jälp/pass po
0/1/2/3/4/5/6/7/8/9/ 10/100/1000	null/en/to/tre/fire/ fem/seks/sju/ syv/ åtte/ni/ti/hundre/ ettusen	nüll/ehn/tu/tre/ fiehre/fähm/seks/ schü; süw/otte/nie/ tie/hündre/ettüsen

OSLO FEELING

ZUM EINSTIMMEN & AUSKLINGEN

LESESTOFF & FILMFUTTER

IN STAUB UND ASCHE

Hanne Wilhelmsen, die Osloer Kommissarin, entspringt der Feder von Anne Holt. In ihrem jüngsten Fall jagt sie einmal mehr dem Verbrechen und der Frage nach Schuld und Sühne in Oslos Straßen nach. (2018)

SCHNEEMANN

Wer sich gruselig auf Oslo vorbereiten möchte und auch noch im Winter anreist, ist mit dem Klassiker von Jo Nesbø bestens versorgt. Ermittler Harry Hole, der in der Sorgenfrigate lebt und im Restaurant Schrøders einkehrt, ist ein fiktives Kind der Stadt. (2009)

OSLO, 31. AUGUST

Der Film zeigt Osloer Stadtlandschaften und Porträts junger, von Illusionen befreiter Menschen im Lauf von 24 Stunden. Keine leichte Kost, aber ein international anerkannter Film des Norwegers Joachim Trier. (2011, DVD)

DOKTOR PROKTORS PUPSPULVER

Herrliche Verfilmung des Kinderbestsellers von Jo Nesbø, in der ein genial-verrückter Erfinder für viel Aufregung sorgt – und die Zuschauer auf eine Reise durch Oslo mitnimmt. (2014, DVD)

▐▐ **DI DERRE – JENTER**
Krimiautor Jo Nesbø war vor seinen Bestsellern als Musiker erfolgreich

▶ **ALEXANDER RYBAK – FAIRYTALE**
Fidelklang und Hallingtanz eroberten 2009 den Eurovision Songcontest im Sturm

▶ **DUMDUM BOYS – SPLITTERPINE**
Eingängige Rockhits wie dieser begegnen dir in jedem Pub

▶ **RAVI – E-ORE**
Melodiöser, norwegischer Rap mit viel Groove

▶ **MARIT LARSEN – IF A SONG COULD GET ME YOU**
Frischer Popsong mit mädchenhafter Stimme gesungen – sorgt für hohen Gute-Laune-Faktor

▶ **LILLEBJØRN NILSEN – TANTA TIL BEATE**
So hört es sich an, wenn Norweger swingende Chansons trällern

Den Soundtrack zum Urlaub gibt's auf **Spotify** *unter* **MARCO POLO Norway**

Oder Code mit Spotify-App scannen

AB INS NETZ

TRIPSAVVY
Basics wie Sehenswertes und Hotels für Touristen; dazu gibt es reichlich Fakten über das Wetter, Transportmittel, Stadtgeschichte, Events und noch viel mehr. (short.travel/osl1)

A FROG IN THE FJORD
In ihrem englischsprachigen Blog wundert sich die Französin Lorelou Desjardins regelmäßig über ihre neue Wahlheimat. Mit ihrem „Guide to a cheap life in Oslo" trifft sie den Nerv all jener, die im Norden aufs Geld schauen müssen oder wollen.

VISIT OSLO
Auf der Facebook-Seite posten Oslo-Fans lauter aktuelle Tipps und frische Fotoimpressionen – vom neuen Barcode-Viertel bis hin zum verträumten schneebedeckten Akersveien. (Facebook: Visit Oslo)

SHOOTING OSLO
In Slow Motion gefilmte Eindrücke werden hier auf künstlerische Art und Weise mit frischen Beats unterlegt; verträumt und gleichzeitig stylish – ein bisschen wie die Stadt selbst. (short.travel/osl3)

TRAVEL PURSUIT

DAS MARCO POLO URLAUBSQUIZ

Weißt du, wie Oslo tickt? Teste hier dein Wissen über die kleinen Geheimnisse und Eigenheiten von Stadt und Leuten. Die Lösungen findest du in der Fußzeile. Und ganz ausführlich auf den S. 20–25.

❶ Mit welcher Schule hat Prinzessin Märtha Louise für Schlagzeilen gesorgt?
a) Schule für Meerjungfrauen
b) Schule für Engel
c) Schule für Elfen

❷ Wie lautet der eigentliche Name von Willy Brandt?
a) Herbert Ernst Karl Frahm
b) Ernst Herbert Karl Frahm
c) Karl Ernst Herbert Frahm

❸ Wo beginnt der Oslofjord?
a) Am Drøbaksund
b) Direkt auf der Höhe des Fram-Museums auf Bygdøy
c) An der Osloer Stadtgrenze

❹ Was finden Fahrer von Elektroautos in Oslo vor?
a) Freie Fahrt auf der Busspur
b) Gratisparkplätze
c) Ausreichend Schnellladesäulen

❺ Wann genau wird die Sommersonnenwende gefeiert?
a) In der Nacht vom 21. auf den 22. Juni
b) Der Termin der Sommersonnenwende ändert sich von Jahr zu Jahr
c) In der Nacht vom 23. auf den 24. Juni

Über den Fjord bis in die Innenstadt – Oslo ist auch bei Kreuzfahrern ein beliebtes Ziel

❻ Wer übergibt dem Gewinner seinen Friedensnobelpreis?
a) Der schwedische König
b) Der norwegische König
c) Der oder die Vorsitzende des Nobelkomitees

❼ Welcher dieser Herren hat keinen Friedensnobelpreis erhalten?
a) Jens Stoltenberg
b) Barack Obama
c) Willy Brandt

❽ Wann wird der Friedensnobelpreis jedes Jahr verliehen?
a) Am 12. Februar
b) Am 17. Mai
c) Am 10. Dezember

❾ Welche europäische Hauptstadt war Oslo 2019?
a) Kulturhauptstadt
b) Umwelthauptstadt
c) Klimahauptstadt

❿ Wie heißt die Osloer Straßenbahn?
a) Tick
b) Trikk
c) Track

⓫ Wie hoch ist der Anteil der Osloer Pkw, die mit Strom betrieben werden?
a) 8 Prozent
b) 18 Prozent
c) 28 Prozent

⓬ Wo drängeln Osloer gern?
a) Beim Einsteigen in Busse und Bahnen
b) In der Langlaufloipe
c) In der Schlange vor der Wursttheke

REGISTER

LOB ODER KRITIK? WIR FREUEN UNS AUF DEINE NACHRICHT!

Trotz gründlicher Recherche schleichen sich manchmal Fehler ein. Wir hoffen, du hast Verständnis, dass der Verlag dafür keine Haftung übernehmen kann.

MARCO POLO Redaktion • MAIRDUMONT • Postfach 31 51 73751 Ostfildern • info@marcopolo.de

Impressum
Titelbild: Blick vom Dach der Neuen Oper, Oslo (huber-images: S. Lubenow)
Fotos: mauritius images/imageBROKER: O. Gutfleisch (22); J. Fellinger (131); R. Freyer (71); huber-images: U. Bernhart (126/127), M. Borchi (14/15, 85), S. Lubenow (33, 128/129), S. Mezzanotte (98/99), R. Schmid (73); Laif: M. Galli (25, 68), I. C. Hendel (52/53, 92/93), C. Kerber (66, 72), J. Modrow (35), S. Multhaupt (12/13, 38, 54, 79, 89), B. Steinhilber (Klappe vorne außen, Klappe vorne innen/1, 2/3, 41, 65), Teichmann (10), F. Weiss (60/61, 90); Laif/hemis: B. Gardel (17, 116), B. Rieger (21); Laif/hemis.fr: S. Descamps (26/27, 102/103), L. Maisant (118/119); Laif/Le Figaro Magazine: Fautre (100/101); mauritius images: U. Bernhart (11), J. Warburton-Lee/C. Sanchez Pereyra (110); mauritius images/Alamy: T.R. Arnestad (8), V. Bareta (6/7), P. Barritt (48), O. Berezko (4), R. Granieri (45), S. T. Shan (42), G. Ulgjell (80), A. Yu (114); mauritius images/Alamy/Alamy Stock Photos: B. Bialorucki (108), R. Richardson (59), G. Ulgjell (56); mauritius images/Alamy/Alamy Stock Photos/JHVEPhoto (83); mauritius images/Alamy/Alamy Stock Photos/McPhoto: Baesemann (94/95); mauritius images/Danita Delimont (46); mauritius images/Hemis.fr: B. Gardel (34); mauritius images/Norimages/Alamy (96/97); mauritius images/photononstop: P. Turpin (36/37); mauritius images/robertharding: M. Cristofori (9); mauritius images/VIEW Pictures: D. Borland (74/75)

6., aktualisierte Auflage 2023
© MAIRDUMONT GmbH & Co. KG, Ostfildern
Autoren: Julia Fellinger, Thomas Hug, Jens-Uwe Kumpch
Redaktion: Christina Sothmann
Bildredaktion: Gabriele Forst
Kartografie: © MAIRDUMONT, Ostfildern (S. 104–105, 107, 111, Umschlag innen, Umschlag außen, Faltkarte Nebenkarte); DuMont Reiseverlag, Ostfildern © MAIRDUMONT, Ostfildern (S. 113, 117, Faltkarte); © MAIRDUMONT, Ostfildern, unter Verwendung von Kartendaten von OpenStreetMap, Lizenz CC-BY-SA 2.0 (S. 28–29, 30–31, 39, 43, 47, 51, 55, 57, 62–63, 76–77, 86–87)
Als touristischer Verlag stellen wir bei den Karten nur den De-facto-Stand dar. Dieser kann von der völkerrechtlichen Lage abweichen und ist völlig wertungsfrei.
Gestaltung Cover, Umschlag und Faltkartencover: bilekjaeger_Kreativagentur mit Zukunftswerkstatt, Stuttgart; Gestaltung Innenlayout: Langenstein Communication GmbH, Ludwigsburg
Spickzettel: in Zusammenarbeit mit PONS Langenscheidt GmbH, Stuttgart
Konzept Coverlines: Jutta Metzler, bessere-texte.de

Printed in China

MIX
Papier aus verantwortungsvollen Quellen
FSC® C124385
www.fsc.org

MARCO POLO AUTORIN
JULIA FELLINGER
Ihre schönste Joggingstrecke führte die Journalistin Julia Fellinger jahrelang über den Frognerpark: Durch das Haupttor, links vorbei am Restaurant Herregårdskroen, runter am kleinen Fluss entlang und dann immer weiter Richtung Bygdøy bis zum Strandbad Sjøbad. Hier zeigt Oslo alle seine Facetten: Urban und ein bisschen dörflich und immer mit kurzem Weg zum Meer.

BLOSS NICHT!

FETTNÄPFCHEN UND REINFÄLLE VERMEIDEN

HANDELN

Oslo ist eine teure Stadt, und sie liegt nicht im Orient. Versuch erst gar nicht, über einen Preis zu verhandeln, du stößt im besten Fall auf völliges Unverständnis – auch auf Märkten (einzige Ausnahme: Flohmärkte). Halt lieber Ausschau nach Rabatten *(salg)*, hier kannst du wirklich sparen.

IN DER WARTESCHLANGE VORDRÄNGELN

Egal ob im Laden, an einem Taxistand oder im Restaurant – Norweger bekommen einen dicken Hals, wenn sich jemand an der Schlange an ihnen vorbeidrängelt. Üb dich in Gelassenheit und warte geduldig, bis du an der Reihe bist!

AM PARKTICKET SPAREN

Du willst „nur mal schnell" in einen Laden springen und „sparst" dir die Parkgebühr? Schlechte Idee. Kontrolleure sind wirklich überall und tauchen meist auf, wenn man sie am wenigsten braucht. Die Strafe für Parken ohne Ticket kann schnell bis zu 900 NOK teuer werden.

IN EIN PIRATENTAXI EINSTEIGEN

Die „Pirattaxi" (Piratentaxi), die dir an strategisch günstigen Orten der Stadt ihre Dienste anbieten, solltest du trotz der scheinbar günstigen Festpreise nicht benutzen: Es passiert immer wieder, dass Kunden ausgeraubt oder anderweitig drangsaliert werden.

IN KRITIK EINSTIMMEN

Kommst du mit Norwegern ins Gespräch, wirst du schon bald Kritisches von der Heimat zu hören bekommen. Politik, Königshaus, Steuern – es gibt anscheinend ausreichend Grund zu meckern. Lass sie reden: Wer als Ausländer hier einstimmt, bekommt so schnell keine norwegischen Freunde. Kritik ist nur gut, solange sie von den eigenen Landsleuten kommt.